U0507890

高校体育教学理论与健美操训练研究

王翠娟　王丽娜　张雪飞◎著

吉林出版集团股份有限公司
全国百佳图书出版单位

图书在版编目（CIP）数据

高校体育教学理论与健美操训练研究 / 王翠娟，王丽娜，张雪飞著 . — 长春 : 吉林出版集团股份有限公司，2023.4

ISBN 978-7-5731-3278-9

Ⅰ . ①高… Ⅱ . ①王… ②王… ③张… Ⅲ . ①体育教学—教学研究—高等学校②健美操—运动训练—教学研究—高等学校 Ⅳ . ① G807.4 ② G831.32

中国国家版本馆 CIP 数据核字 (2023) 第 086317 号

高校体育教学理论与健美操训练研究

GAOXIAO TIYU JIAOXUE LILUN YU JIANMEICAO XUNLIAN YANJIU

著　　者　王翠娟　王丽娜　张雪飞
责任编辑　沈　航
封面设计　李　伟
开　　本　710mm × 1000mm　1/16
字　　数　200 千
印　　张　12.5
版　　次　2024 年 1 月第 1 版
印　　次　2024 年 1 月第 1 次印刷
印　　刷　天津和萱印刷有限公司

出　　版　吉林出版集团股份有限公司
发　　行　吉林出版集团股份有限公司
地　　址　吉林省长春市福祉大路 5788 号
邮　　编　130000
电　　话　0431-81629968
邮　　箱　11915286@qq.com
书　　号　ISBN 978-7-5731-3278-9
定　　价　75.00 元

版权所有　翻印必究

作者简介

王翠娟，女，硕士，毕业于山东师范大学，体育教育与运动训练方向，现任职于山东财经大学体育学院，副教授，主要从事健美操教学与训练工作，出版专著3部，参与省部级课题2项，发表论文多篇。

王丽娜，女，硕士，毕业于上海体育学院，体育教育与运动训练方向，现任职于山东财经大学体育学院，讲师，主要从事瑜伽、艺术体操教学与训练工作，出版专著1部。

张雪飞，女，硕士，毕业于山东师范大学，体育教育与运动训练学方向，现任职于山东财经大学体育学院，讲师，主要从事健美操和排舞教学与训练工作。

前言

体育教师在高校的体育教学中不但要传授学生各种运动项目的技能，还需确保训练的质量，使学生在体育课中达到强身健体的功效。体育教学应该向体现群众体育特点倾斜，运动训练应该向体现竞技体育特征倾斜。在体育教学当中，教师应该有意识地引导学生从生活出发，结合自身的实际状况进行体育锻炼。尽管从本质上讲，体育教学与运动训练的形式是相同的，但体育教学与运动训练拥有不同的教学目的和教学手段，二者在管理方面也是截然不同的。体育教学是培养学生终身体育锻炼意识、习惯和能力的主要途径，而运动训练则能够为学校开展素质教育提供有力支持。在高校的体育教学中，有效融合体育教学与运动训练，有利于促进体育教学工作的有效开展。

我们国家的教育水平随着时代发展步伐的加快而越来越高。教师不仅要注重课堂教学形式的创新与完善，还要充分挖掘教育资源，通过多种途径开展教学活动，激发学生参与热情。在我国“健康中国”和“全民健身”的战略号召之下，多数学校对于学生体育教学和发展都倾注了较大的心血和精力。相应地，体育教学也取得了初步成果。在体育教育水平不断提高的今天，体育教育工作者已经逐渐意识到运动训练和体育教学的密切关系，运动训练和体育教学互为补充，只有把运动训练和体育教学进行合理的融合，才能确保体育教学的效果，继而提高教学水平。

同时，健美操运动也是一项深受人们欢迎和喜爱的体育项目，集体操、舞蹈、音乐于一体，具有安全性、时尚性、健身性的特点。尤其是在高校中，健美操不仅是体育教学的重要内容，也是学生丰富业余生活的重要选择之一。究其原因，健美操不仅满足了高校学生强健体魄的需要，对学生的身心全面发展有着积极作用，还能塑造学生优美的形体，迎合了学生追求美和时尚的心态。随着体育教学的发展与学生自我意识的增强，健美操将会得到更广泛的开展。

本书主要内容为高校体育教学理论与健美操训练研究，共分为五章进行介绍：第一章主要内容为体育教学的概述，包含体育教学的原则与目标、体育教学的内容与环境、体育教学的任务与特点、推动高校体育教学改革的对策；第二章主要内容为高校体育教学理论，分别介绍了高校体育课程教学理论概述、高校体育教学的课程与目标、高校体育教学理念的流变、高校体育教学内容体系的构建；第三章的主要内容为高校健美操概述，分别介绍了健美操运动概述、高校健美操教学概述、高校健美操运动训练的基本理论；第四章主要内容为高校健美操实践训练，分别介绍了高校健身健美操训练、高校竞技健美操训练、高校流行健美操训练；第五章主要叙述了高校健美操训练的创新发展，并对高校健美操训练的发展情况、高校健美操训练的实践创新进行了详细介绍。

在撰写本书的过程中，作者得到了许多专家学者的帮助和指导，参考了大量的学术文献，在此表示真诚的感谢。由于作者水平有限，书中难免会有疏漏之处，希望广大同行与读者及时指正。

目录

第一章　体育教学的概述

本章为体育教学的概述，主要介绍了体育教学的原则与目标、体育教学的内容与环境、体育教学的任务与特点、体育教学的现状与发展。

第一节　体育教学的原则与目标

一、高校体育教学原则

在体育教学工作中，我们需要坚持的指导要求就是体育教学原则。体育教学原则的经验总结与归纳需要在长期的体育教学中进行，客观规律的总结也是在体育教学过程中进行的。

近年来，人们越来越注重体育锻炼。在体育教学中，教师的“教”与学生的“学”之间进行的活动都需要理论支持，也就是体育教学原则。体育教学原则在教学活动中起着引导和约束的作用。它不仅规定了体育课堂教学的内容、方法及手段，而且决定了学校体育课教学的质量。体育教学原则的正确认识与实施，可以使教学目的更加明确，教学内容的精选和布置也会更加合理，在教学方法和教学场地与器材的选择上，也会更加恰当，采取科学的教学组织形式可以促进教学任务的完成，有利于增强教学效果。

（一）重视提高运动技能原则

在高校体育教学中，注重提高运动技能原则，就是要不断地提高学生运动水平，掌握更多的运动技巧，有助于提高运动成绩，达到高校体育教学的目的。这也是当今高校体育教师应具备的一项基本技能和素质。高校体育教学注重提高运动技能原则，主要包括以下几个方面：

1. 正确认识提高运动技能在体育教学中的重要意义

体育学科“授业”之本就是促使学生掌握运动技能。运动技能水平的提升可以为体育学科答疑解惑，因此，作为学生对体育锻炼方法的掌握程度、感受运动乐趣的先决条件，掌握运动技能为体育运动提供了重要依据，也方便了学生锻炼身体、提高体能。

教师只有科学地组织课堂教学活动，才能使学生获得正确的动作概念与技术要领。体育教学中最根本的要求就是不断提升学生运动技能，想要评判体育教学是否取得成效，运动技能的掌握程度就是判断教学质量高低的尺度，也可以从侧面对体育教师的教学水平进行考核。随着我国教育事业改革的不断深入，人们越来越重视素质教育，这就需要教师改变传统的教学方式，注重培养学生的综合素质与创新能力。所以，体育教师应充分认识运动技能提升对体育教学的重要性，继而注重学生运动技能的提升。

2. 明确运动技能教学的目的，让学生有层次地掌握运动技能

与职业运动员的训练目的不同，学生学习运动技能和提高技能水平的主要目的是通过体育教学考核、强身健体，富有娱乐性，不过分关注输赢。职业运动员以竞技为主要目的。体育教师要深层次地理解教学目的，这样才能更合理地安排、组织课堂教学活动。“健康第一”理念应该贯彻于体育教学的过程中，体育教师在运动技能传授方面应本着服务于学生的思想，为学生树立终身体育锻炼的意识。提高运动技能的目标有很多，如“基本掌握作为锻炼身体方法的运动技能”“较好地掌握1～2项常用的运动技能”等，只有目标清晰，才能使学生层次分明地学习运动技能，以供学生终身体育所需。

3. 合理编排体育教学内容

体育教师应该制订一个科学教学计划，这样才能使学生掌握高水平的运动技能。

根据不同运动项目的学科特点和培养目标，可以把教学内容分为精教类、粗

教类和一般类3大类。精教类学科如健美操、乒乓球、篮球、羽毛球和排球等，一般都是可行性高、师生都喜爱、场地设施符合要求的运动项目。在体育教学计划中，教师每学年为学生安排1～2项运动学科，每种运动一般有15～30个学时。粗教类内容一般为学生在未来工作中可能会接触到的运动，如果教学设施允许，可以开展太极拳、轮滑以及网球等。粗教类运动每学年可安排2～3项，课时控制在7～10个。对不适合进行常规教学训练和要求达到较高技术水平的项目，可列入专项类目。还有一些运动项目如保龄球、高尔夫球和橄榄球，不需要学生掌握，教师安排1～2个课时进行简单的相关介绍，目的是科普，学生简单了解运动文化和背景知识即可。不适合体育课教学内容要求的其他体育项目，则可以采用“小组”形式组织教学，即将各种不同性质的单项运动项目组成一个大组，每个大组再划分为若干个小组来进行教学。还有锻炼类的项目，针对身体素质以及身体基本活动能力进行锻炼的项目。比如，铅球、跳远、100米短跑、1500米长跑等，每学年设置3～4项，每个项目安排1～2个课时即可。

4. 教学方法上注意精讲多练

在进行体育教学时，要结合体育项目的实际特点。讲授法的运用不应过多，否则“满堂讲”就会使体育课堂枯燥乏味，不利于学生掌握高水平的运动技能。怎样使体育课堂教学达到预期目的呢？首先，体育教师在课堂中要尽可能地精讲提炼，减少讲授时间，给予学生更多的练习时间，供学生自由练习运动技能。这就要求教师把传授知识、培养能力作为课堂教学的主要任务之一，对教材的组织教法要做到精备课、细讲解、巧安排。针对必须传授的知识进行精讲。精讲是指教学有目的、有层次、有重点，恰当地运用术语、口诀。或者仅在学生的实践练习中辅以教师的引导。其次，课堂时间有限，教师要通过布置课下作业促使学生在课外时间进行练习。总之，强调讲解与训练并重，讲练结合是教学的基本原则之一。

5. 创造提高运动技能的环境和条件

打造一个和谐的学习环境是使学生掌握运动技能的先决条件。首先，这就要求体育教师不断学习，提高自身综合能力和教学水平。其次，体育教师要开发创新教学模式，营造轻松愉快的教学范围。在体育教学的制度方面进行改善和优化，加强场地设施建设。

（二）注重体验运动乐趣原则

在高校体育教学中，要强调体验运动乐趣原则。也就是说，学生不仅要进行身体锻炼、提高运动技能，还要在整个运动过程中感受锻炼带来的快乐。

学生只有体会到锻炼的乐趣，才能发自内心地热爱体育运动，有助于培养学生树立终身锻炼的意识。这一原则符合大学生身心发展规律，对提高教学效果具有重要意义。为了落实这一原则，要求高校体育教学必须做好以下几个方面的工作：

1. 要让每个学生都能够不断地获得成功的体验

体育活动与学生的身体条件密切相关。这个时候，教师需要通过对教学内容和教学方法进行调整和处理，优化教学场地和设备，改变教学组织形式，使每一位学生都能获得体验成功的机会。激发学生对体育运动的兴趣，最关键的是帮助学生培养自信心，最终目的是使学生感受到运动的快乐。

2. 选择趣味性强的体育教学内容

体育教师在教学内容的选择上要审慎，趣味性较强的体育教学内容可以使学生易于体会到运动的趣味，从而热爱体育课。趣味性不强的体育教学内容不易让学生体会到运动的快乐，反而会因为枯燥乏味导致学生讨厌体育课。这两类不同性质的内容是相互联系、相互影响的。在保证教学内容具有教学意义的基础上，如果教师能根据这些特点选择适当的教学方法来组织教学，那么就会收到事半功倍的效果。所以，在体育教学当中，要以趣味性强、教学意义大的内容为主。同时，对教学意义强而趣味性差但又必须教的内容，体育教师需要发掘或者额外增加某些有趣的元素，如通过简化、变形化、生活化、竞赛化等技巧，让教学充满乐趣。

3. 运用有利于学生体验乐趣的体育教学方法

体育教师在进行体育教学的过程中要注重使用高效的教学方法，如熟练运用游戏教学法、领会教学法、情境教学法、竞赛教学法等，有助于让学生感受到锻炼带来的快乐。

（三）合理安排运动负荷原则

合理安排运动负荷原则反映了体育教学中身体活动性这一本质属性。在高校的体育教学中要合理安排运动负荷，青少年的日常身体活动量是有上限的，如果短时间内承担了过大的运动负荷，可能会给学生造成不可逆转的运动损伤，不仅不能达到强身健体的教学目的，反而有损身体健康，得不偿失。

因此，体育教师的教学课程安排需要精心设计，保证合理性和科学性，在学生进行体育运动的时候，教师要从旁指导，避免学生操作不当造成运动损伤。这是提高教学质量、保证完成教学计划的重要前提。

1. 符合学生的身体发展特征

运动负荷是否科学，不仅表现为学生身体是否发育良好，还表现为不伤害学生的身体健康。

学生身体发展状况是衡量体育教学中运动负荷的主要标准。只有掌握了运动负荷与学生身心发展之间的关系，才能真正把握体育教学中的运动负荷规律。所以，为了合理安排运动负荷，教师应懂得科学的身体发展原理，掌握学生身体发展各阶段特点，在熟悉各运动项目特征的基础上为学生安排课程内容。

2. 服从于体育教学目标

合理安排运动负荷的最终目的是要学生在锻炼身体的同时掌握运动技能。不同课型、不同项目的学生在进行相同或相近的体育运动时，所需达到的训练水平可能有较大差异。所以盲目地追求运动负荷达标，可能造成学生身体损伤。

3. 精心设计体育教学内容

在种类繁多的体育运动项目中，涉及身体练习的运动负荷各不相同。部分体育运动项目负荷极高，针对这种项目，体育教师要减少练习时长，所以在教学内容的设计上，应考虑运动负荷，必要的时候对教材应作出修改，合理搭配不同的运动项目与练习方式。

4. 提高学生自我控制能力

在任职期间，高校体育教师应不断强化自身的理论知识基础。对体育教学中的锻炼原理、运动负荷、运动处方等相关知识要重点学习。向学生传授一些关于自我判断运动量、调节运动量的一般知识和方法。方便学生在进行自主锻炼时合理安排运动量。掌握锻炼的技巧有助于提高锻炼效果。

（四）因材施教原则

在体育教学中，我国的教育理念是“面向全体学生”。为了贯彻落实该战略理念，体育教师要兼顾每一位学生，直面、重视每个学生学习水平的差异性，贯彻实施因材施教原则。针对每个学生的实际状况，安排不同层次的教学内容和课程计划，使学生在自身基础上，有选择性地掌握运动技能。目前，我国高校体育教学改革正处于深入阶段，如何更好地运用这一理论来指导体育教学活动成为当前体育教师需要重点考虑的问题。针对这种情况，高校体育教学应做好以下几个方面的工作：

1. 深入了解和研究学生

落实因材施教原则的前提是体育教师要深度认识学生的个体差异。因此，研究学生的个体差异具有重要意义。

体育教师可采用课堂观察、问卷调查等方法，通过和学生交谈、向辅导员请教等方式，详细了解学生情况，目的是明确每一位学生的实际身体条件和兴趣爱好。在掌握运动技能的个体差异的基础上综合分析，体育教师采取的教学策略应体现出个性化和层次性。教师要根据不同学生的个体特点，制定适合其个性差异的教学目标、教学内容及教学方法。在针对学生个体差异时，还要以发展的眼光加以看待，不应该以一成不变的方式对待学生，要经常核查学生的基本情况。

2. 设置类型多样的体育选修课程

在体育教学中实施因材施教的最好方法是开设选修课程，供全体学生进行选修。

因此，研究学生的个体差异具有重要意义。学生各异，体质各异，兴趣爱好也不同，因此，学生的个体需求各不相同，在开设选修课前应充分征求学生的意见，有助于发展学生的个性。

3. 体育教学组织形式多样化

因材施教原则在体育教学中具有十分重要的意义，体育教师应选择相应的教学组织形式——“等质分组”，这种组织形式比较理想且新颖。它能够充分调动不同层次的学生参加体育锻炼的积极性，促进全面素质提高，有利于实现素质教育目标。分组分层的依据是学生的运动水平基础，如身高、体重和体能技术等，体育教师要综合考量各方面的因素合理分组。这样做可以从容地根据每个组的实际水平设置各自的教学目标和教学内容，并选用不同的教学方法，对于运动天赋差的小组，体育教师要“重点照顾”，合理安排教学要求，提高可操作性和科学性，避免使身体条件差的同学出现运动负荷过大的问题，对他们应给予特别的关心和呵护。另外，把一些有潜力或特长的学生分成一个小组，可根据不同的情况采用适当的方法，让学生们互相帮助、共同提高。体育教师对这些身体条件与运动技能都比较优秀的同学可适当提高要求，激发他们的运动潜力，从而确保所有的学生能够得到提高，让每一位学生在学习中感受快乐，最终获得成功。

（五）安全运动原则

体育教师要格外注重运动安全，贯彻落实安全运动原则，就是要让学生能够安全地进行锻炼。安全运动原则是体育教学活动得以开展的前提。另外，学校要想开展好体育教学活动的前提就要保证师生的人身安全。高校体育教学安全运动原则的实施，要注意以下几个方面：

1. 设想可预测的危险因素

学生在体育运动中会受到损伤是因为体育教学中存在很多危险因素。这些危险因素各式各样，有些令人始料未及，这些危险因素的预测只有经过长期的教学才能不断得到积累和总结。

因此，在体育教学过程中可预见绝大部分的危险因素，体育教师要对此给予高度的重视。教师在体育教学中要注意预防危险因素的发生。这些可预见的危险因素可分为六类：第一，学生对体育运动的思想态度不认真、不重视、不积极。在体育课上不听教师指挥而擅自行动，行事鲁莽，热身不充分。第二，体育活动内容与学生的身体条件不匹配。每节体育课的活动内容都不同，学生的身体条件具有差异性，对于一些运动基础差的学生可能会因某个高难度动作或者过大的运动量而发生不可逆的运动损伤，因此，体育教师要对不熟悉运动动作的学生予以充分的指导和保护。第三，体育教师采取了不恰当的教学方法。第四，学生的身体状况不稳定。比如，学生生病虚弱的时候依旧带病坚持高强度运动训练、学生上体育课的情绪紧张或疲劳而引起的安全问题等。第五，场地条件改变或器械损坏而引起的危险因素。比如，地面因雨雪变得光滑、塑胶操场破损导致学生摔倒、双杠绳索断裂等。第六，因特殊天气而造成的危险因素，如酷暑中长跑、暴雨中浇淋、严寒里做体操等。以上所有的危险因素都是可以避免的，针对上述可预见的危险因素，体育教师课前必须要一一核查、审视。

2. 要建立有关安全制度和安全设备

体育教育者应建立严格的安全制度，限制某些较危险的教材，对学生潜在危险行为进行约束。比如，踢足球时不能穿皮鞋、打篮球时严禁带钥匙等。对有些危险性较大的体育活动项目进行专项化设计，使其成为有针对性的安全措施，以提高安全性。对一些较易产生危险的体育设施，应配备必要的保护装置，并设置必要的警示标志。例如，在单杠下面放一块海绵垫保护意外滑落的学生、游泳池内配备救生圈和救生衣、在深水区设立警示牌等，这些措施都可切实预防危险。

3. 时刻对学生进行安全运动的教育

学生的紧密配合是将安全运动的原则贯彻落实到体育教学之中的必要条件。体育教师应向学生传授安全运动知识，可采取集中教育和分散教育的方法。集中教育就是安排专门的时间，讲解确保安全的知识与要点，教给学生互助的本领。教师要经常向学生介绍一些常见事故及预防措施。分散教育就是教师每节课在学生练习前，重点讲解安全事项，使学生树立良好的防范意识。

二、高校体育教学目标

首先，我们要清楚，学校体育学科的目标在不同层面具有不同的要求。大致分为体育课程目标、课外体育目标、体育教学目标、学习领域目标、学年教学目标、学期教学目标、单元教学目标等。虽然它们都属于不同层级的教育培养目标，但都符合学生发展核心素养要求。这些目标虽然有一定差异，但互相之间的关联十分紧密。因此，可以将这些目标称为学校体育学科的三维目标体系。在体育教学活动中，可以把体育教学目标作为“第一要素”来认识，上承学校体育的宗旨和体育课程目标，下接单元教学的目标和课堂教学目标，形成了衔接流畅的目标体系。但这些目标之间的关系并不是十分清晰的，所以无论是理论研究，还是教学实践，都会因为体育教学目标不清造成一些困惑，尤其在确立各级体育教学目标时，很多体育教育者在目标认识上存在偏差，导致体育教学目标泛化、淡化等问题。

其次，学校体育教学在教育系统中占有很大比重。而体育教学的起点与终点都是教学目标，它既是体育教师从事教学活动时需要遵循的准则，又是学生完成学习任务所需达到的程度，也是教师评价教学效果的重要依据。

（一）体育教学各个目标之间的关系

1. 运动知识与技能目标、体能发展目标是体育教学核心目标

高校体育教学中的运动知识和技能目标由两大部分组成。一方面是与运动相关的理论知识，与布卢姆认识目标相对应；另一方面是运动技能，与布卢姆技能目标相对应。其中，和运动相关的学科知识在教学中占据重要位置。知识和技能关系复杂，关于运动理论的认识属于外在认知范畴，要靠学生的外在感官去感知。例如，学生可透过视觉来感知教师的身体运动影像，利用学生的听觉感知，教师对运动动作的原理和方法进行解释，这种认知方式和其他学科有着共同的特点，但运动技术传习的过程不应仅仅停留在这一阶段，学生想要掌握运动技能，必须身体力行、实践操作，通过亲身体验内化运动技能的理论知识，这样才算真正获得运动技能。在高校体育课堂中，由于教学内容以“体”为主，而非运动训练内

容以“人”为主，所以体育教师无法对运动理论知识和人体动作规律有充分地把握。所以运动知识和技能目标仍以运动技能目标为主，运动理论知识的讲授不一定要在教室内专门开课，教师在运动技能教学过程中同样可以传授给学生。

在体育教学中，“体能”目标是教学的核心目标，而且具有特殊性。体育教师从事教学活动时要考虑体能目标，为学生布置学习任务，“体能”目标也是教师评价教学效果的重要依据。

“体能”目标不同于布卢姆三维分类教学目标，在体育教学中有其独到之处，身体健康目标是其主要表现形式。在体育教学活动中，体育教师要注重培养学生良好的身体素质和健康意识，以达到促进身心健康发展的目的。体育活动与身体健康之间不存在绝对的因果关系，当前比较确切的说法就是要培养学生体能，也符合新修订的体育课程标准。在此基础上提出了一个关于体育课体能目标的定义——身体素质和健康素质。想要达成体能目标，主要有两种途径。一是借助运动技术教学之路。即通过掌握动作要领、技能和方法来促进人体机能水平的提高。身体练习和增强体质，即便不存在因果关系，也存在着指向性关系。如果不进行必要的体育锻炼，就会影响到体质健康水平的提高和终身锻炼意识的培养，从而导致对体育课程资源的浪费。二是在体育课上贯穿“课课练”的理念。在进行体育课堂教学过程中，教师应根据教材特点和要求合理地选择教学内容。

2. 运动技术具有“手段”与“目标”的双重性

我们要明白运动技术在体育教学中很大程度上担负着实现“目标”的任务。体育教师在对学生提出更高要求的同时，还应明确教学目标的具体内涵，应正确认识运动技术不仅仅是一种“手段”，也是一种“目标”，虽然这个认知充满了矛盾性，但要从不同方面进行剖析。以体育教学为微观视角进行剖析，以运动技能为“目标”，使学生从“不会”运动技能转变为“学会”运动技能而进行教学的过程。因此，“学习运动技能”是体育教学中的一个目标。从宏观角度分析，在体育教育方面，运动技能是“工具”和“方法”，与人的生理、心理活动有着直接联系，所以“工具”和“方法”可以促进体育教学达成目的。运动技能作为一种“手段”，由于在体育教学的过程中学生已经基本具备了运动技能，这时学生的首要目标是频繁地使用运动技能，并且培养习惯，以达到锻炼身体的目的，最终促进身心健康发展。这就决定了教师在课堂教学中应以“培养学生终身学习的意识和能力”为根本目标。所以，这里涉及的运动技能应该是体育教学的“目标”功能。

3. 情感目标包含运动参与、心理健康与社会适应目标

心理和社会适应是将情感在心理学层面做理论分析后拆解成的两大组成部分。心理还可以划分为人的心理过程和个性心理特征两个方面。学生的身心发展是在一个完整的心理活动之中进行的。在这些心理过程中，有注意、记忆、意志、情感、态度和兴趣，这一部分可以对应课程标准中的“运动参与”。而个性心理和社会适应都是课程标准“心理健康和社会适应”的目标，可以进行统一、整合。

4. 运动参与、心理健康与社会适应直指运动技能目标

为了充分反映参加运动技能学习的态度和热情，运动参与目标要与体育课程教材内容相结合。依据运动项目的特点来开展心理健康和社会适应，反映出心理和社会方面发展的内容。另外，还应该注重对运动员身体素质的要求，使其达到既能参加体育锻炼，又能保持健康的目的。就拿排球运动来说，排球运动具有团体性质，可以大大增进学生之间的合作友爱精神，所以在描述心理健康及社会适应、运动介入、体能目标等方面，应与排球自身特点相结合，切勿剥离目标和运动项目。这恰恰是当前基层教学中，学校体育课程面临的一个比较大的难题。

5. 体能、心理和社会适应目标协调统一

我国教育部推广“身心协调发展”一元论的教学观念，各个高校应进一步落实。把身体练习和思想政治教育结合起来进行体育教学活动，不仅能够提高教学质量和效果，而且可以培养全面健康发展的高素质人才。在进行体育教学时，学生在传习运动技术过程中不但获得了运动技能，还能有效地增进身体健康。但是，仅实现传统观念上促进学生身体健康的目标还远远不够，由于存在“身心分离”二元论视角，因此我们认为应该将两者统一起来，即把二者视为一个有机整体进行理解和认识，而不仅仅强调其中某一项或几项功能，从而更好地达到身心健康的双重目的。体育教学一定要以增进学生健康为前提，对学生进行品德和品行等

方面的教育，达到学生身心和谐发展的目的。只有这样才能达到真正意义上的健康第一，以培养德、智、体全面发展的人为目的的体育教学。这正是体育教学“身体和品行同时成长”的一元论教育观。

（二）制定学校体育教学目标的方法

只有立足于体育本质，才能更好地确立体育教学的目标。第一，要参考不同时期的历史背景，考察当时的社会条件，学校体育目标是综合考虑各个方面后产生的结果。要分析体育活动对人类发展所起作用的特点以及它所包含的丰富内容。第二，对体育的本质而言，应考虑“变革中有实质”。要从实际出发，根据学生发展的特点来制定培养目标，并对具体问题进行具体分析。将“进步主义”的教育思想与“本质主义”的教育思想有机地结合起来。“进步主义理论”是指对教育过程及其规律进行科学探讨的理论体系。不能偏向“本质主义”，也就是有主体与环境之间的关联确立，其绝对价值是永恒的。也不能偏向“进步主义”，“进步主义”强调了主体对客体发展过程的能动作用，强调了人的主观能动性。因此，我们不能简单地理解为对传统的“本质主义”进行批判。相比较而言，应该从“进步主义”角度出发，在变革与转型中追求“本质主义”所说的精髓。因此，学校体育教学目标以此为理论基础生成了动态的教育观。

学校体育教学为了发展进步，不但要让自己与当下的主流价值观相适应，并且还应预见未来发展方向，并创造出新的价值。学校体育的功能不是孤立存在的，而是伴随着社会历史且不断地产生变化，慢慢发展起来的。作为教育中不可分割的一部分，体育教学实质上就是一个不断演变的过程，并循序渐进地成长。在这个不断变化着的环境中，我们要以一种开放而灵活的方式去认识、改造、设计与利用一切事物，同时还要有一定程度的控制能力和适应能力。在这一进程中，教学目标与最终结果是不能等同的，“目标”的挑战性才是教学过程中所具有的价值。从某种意义上来说，学校体育的改革与创新，就是要通过不断地探索、尝试、实践，实现其自身价值的提升。但在这一发展的进程中，要从体育本质出发，掌握学校体育教学目标。为此，本书就从这一问题出发，以现代哲学为基础，运用系统科学的观点对学校体育进行研究。根据体育内在的规律性，注重强身健体是首要问题，由此，学校体育教学目标得以确立，从辩证过程来看，力求实现统一规律性与目的性。

（三）学校体育的教学目标

霍恩根据目标的性质，在“育成完善的人”的基础上，对如何确定目标制定了三条标准：第一，具备灵活性；第二，是现行条件下的产物；第三，进行的活动必须是自由的。

1. 掌握基本的运动技能与健康知识

总的来说，强身健体是体育运动的实质作用。从体育的生物学意义层面来说，尤以“真义体育”为甚。

体育教学主要目的是促进人体生长发育和增强体质，这就决定了体育教学应以健身为主线，并把体育的生理作用放在首位。但是，体育教学在发展学生创美、求真、立善的同时，也是教育中不可分割的一部分，保持和增进健康和体能是同体育联系最紧密的目标。而学校体育要发展学生体质，最根本的途径是学会运动技能。运动技能是以人体肌肉系统为载体，通过反复练习获得并保持下来的动作技巧或能力。学习运动技能是反复运动的产物，学生在获得运动技能时，体质也得到加强，但是身体运动并不是仅仅依靠身体来完成的，需要生理和心理功能共同参与。所以，只有使学生具有良好的身体素质，才可能达到增强体质的目的。所以学校体育教学目标不只是培养具有生物学意义的人才，更重要的是，应在生理、心理和社会意义上对人才进行培养。体育教学应以发展学生身心健康为目的，通过各种有效措施促进学生健康成长，使每个学生都能获得全面和谐的发展。体育区别于其他学科的根本价值是使人拥有一个健康的体魄，体育教学也是开展健康教育中的重要内容。

2. 促使运动技能生活化

不管是如今的个人层面，还是社会层面，都迫切地需要将娱乐体育提上议事日程。

体育作为一种精神文化产品，具有丰富的内涵及广泛的功能。我国自 20 世纪 90 年代以来，在体育观念、运动行为等方面经历了一场深刻变革。体育不仅具有强身健体、休闲娱乐等功能，而且还具有丰富人的情感、培养高尚人格等文化内涵。体育活动价值诉求的显著特征是以健身为前提，在活动中寻求娱乐，这已经成为一种日益流行的价值倾向。终身体育理论的形成，为休闲时代的来临奠定了坚实的基础。美国哲学家杜威强调“教育即生活”，这个理念包含着终身教育哲学。他认为教育不仅是学校教育，更是一种社会化过程，并提出“生涯体育”这一理念。从这一理论出发，体育的目的不仅仅是获取健康，而是通过运动培养人们的健全人格和良好品质。所以按照“育成完善的人”的思路，在体育教学的目标中，我们应该是合情的，也是理性的。通过对学校体育课程结构、内容以及评价体系等方面的改革，实现以健康为中心的现代学校体育观。在开展教学时采用科学、合理的教学方法，以学生为主体，兼顾学生的差异性，在体育教学中整合、统一规律性与目的性。以发展个性为基础，注重培养学生终身体育意识和能力，引导学生掌握锻炼身体的方法，养成良好的体育锻炼习惯。使学生带着轻松愉悦的情绪，主动参与各项体育活动。业余时间将体育运动视为一种消遣，让个体在精神上和肉体上都能轻松愉悦。通过体育运动来发展学生身体素质，增强其体质。使学生在参与工作后也会养成锻炼的习惯和正确的体育价值观。可见，运动的魅力是无穷的。

3. 培养良好的社会行为和态度

涉及这个目标的原因是许多促使“育成完善的人”发生的机会都来自从事身体活动的运动场。

就体育教学而言，师生间的相互关系与相互接触都是通过运动来实现的，并以之构建融洽的人际关系。体育运动本身就是一种特殊形式的人际交流，能够使人们从自身的经验出发来了解他人的情况，从而增进相互理解。例如，体育竞赛不但可以促进个体身体发育，也会促使个人融入集体，成为社会的一部分。在学校教育阶段，教师除了向学生传授知识外，还应帮助他们养成良好的习惯。通过发挥不同作用，体会到责任的意义，体会到与他人协作的快乐。教师要尊重每个孩子的人格和个性差异，使他们都有充分表现自己才能的机会，从而形成良好的社会风气，促进整个社会文明程度的不断发展。

对体育的定位进行的论述是从目前改革需要的层面出发的，学校体育目标也是按照“育成完善的人”的思路总结的。

就体育教学而言，不仅仅要发挥出强身健体的功效，还要促进学生得到身心的全面发展。体育作为一种精神文化产品，具有丰富的内涵及广泛的功能。通过分析发现，体育的实质是以身体练习为手段，促进身心健康的一种教育活动，它既要追求增强体质，又要培养学生健全的个性品质。因而，建议从不同的层次和角度来探讨体育教学目标。

第二节　体育教学的内容与环境

一、体育教学内容

体育教学的载体是体育教学内容，体育课程的目的、体育教学的基本规律以及我国的实际国情这三点都是影响体育教学内容制定的因素。体育教学内容体系建设应以这三个方面为依据，另外，还要综合考虑各阶段体育课程的培养目标以及学生身心差异。教学内容的相关性、教学时长设置的合理性以及教学条件的优越性都是影响最终教学效果的重要因素。

（一）教学内容的概念

学科对学生所讲授的知识内容是组成教学内容的主要因素。也就是说，教学内容以本学科知识素材为基础。

体育运动本身就是一种交往形式，对促进人类身心健康具有重要意义。教学内容选自学科知识素材，通过整理和安排后可以达到某种教学目标，如果没有这些素材，就不能形成完整的课程内容体系。因此，知识素材越具有教养价值，在整个教学内容结构中所占比重就越大。研究课程内容，需要先对课程资源有一个正确的认识和把握。并非所有科目的所有知识素材均适合用来教学。

运动技能和知识素材在体育教学中繁杂多样、浩如烟海。这些内容既是体育课学习的基本材料，也是其他课程学习的基础。所以，我们有必要甄别出那些与体育教学目标相适应的身体练习与理论知识来作为体育教学的内容。同时，还要通过各种手段提高学生学习体育的兴趣，并培养他们终身锻炼的习惯。对于体育教学内容的价值与内涵，体育教师应进行深刻的认识和把握。不但要掌握好它们，还要善于从宏观角度来融合和整理教学素材内容，以便在教学过程中充分发挥其社会学、教育学和生物学的作用。教师只有不断学习并提高自己的专业素质，才能更好地完成体育课上所承担的任务。所以体育教师一定要学会精选和融合教学内容。

（二）体育教学内容选择的原则

要确定体育教学内容，不仅要依据体育教学的目的和基本规律，更应该综合考虑我国的基本国情。

那么，体育课程中的教材内容究竟应该如何编排才能使学生获得比较完整的知识体系呢？体育教学的内容是十分丰富的，真正选择的教学内容只是庞大体育知识体系中的一部分，因此，体育教育者需要精心取舍、仔细挑选。如果只从某个方面进行选择的话，那么就很难适应当前形势发展的要求，也不可能满足学生学习体育知识和技能的需求。在体育教学内容的选取上，我们应遵循如下几个原则：

1. 实践性与知识性相结合的原则

体育的本质属性决定了其同时具有知识性和实践性，体育教学活动应该建立在学生的学习兴趣上。

运用身体活动实现教学目标是当前体育教学中的主要形式。在体育课中运用运动项目进行教育可以说是最直接、最有效的途径。通过练习，可以让人体大肌肉群活跃起来，每个内脏器官系统都得到锻炼，还要让人体会到运动带来的快乐，在潜移默化中培养学生的优秀品格。这一切都是通过体育教学内容为媒介来完成的。因此，体育课程的设计应该从理论到实际，把传授知识技能和提高运动技术水平有机地融为一体。在体育教学中，最主要的目的就是让学生获得体育知识，培养体育能力，打好终身体育的基础。要达到这一目的，取决于实践性和知识性是否得到有效结合。因此，体育教学方法的设计应该考虑科学性和艺术性相结合。知识性的表现为：是什么、为什么、怎么做。教师需要借助基础理论内容才能阐述清楚，而在实践过程中的体会和感悟，学生只能通过亲自实践的方式进行加强。因此，体育教学过程也可以说是对学生传授基本知识和技能的过程。体育教学内容体系是集实践性和知识性于一体的体系。

2. 健身性与文化性相结合的原则

体育教学与其他学科存在的明显不同是体育教学具有健身性。体育教学本质属性要求体育教学内容体系应具备健身性。体育教学活动应该建立在学生的学习兴趣和一定的理论知识基础上。

人先对世界产生理解，再试图改造世界，最后与环境相适应，在这个过程中就形成了文化。体育教学也是文化的一种。体育教学内容应有助于增强学生体育意识，倡导培养体育情结，确立正确的体育价值观，这些都是体育教学内容文化性的体现。所以，体育教学应以健身性为主线，将健身性和文化性结合起来。换句话说，就是体育教学内容体系既能强健体魄、增强体质，又能利用其丰富的体育文化内涵培养人们的高尚品格。

3. 民族性与开放性相结合的原则

体育无论在形式上，还是在内容上，总要涉及一些国家和地区民族文化传统与民族习俗。

在体育发展过程中，由于社会历史条件的影响而形成了自己独特的风格，并成为一种世界性的体育运动潮流。今天流行在全球的众多体育项目，发轫于不同民族、不同国家。因此，研究这些体育运动中所表现出的民族精神、传统风格和风俗习惯就显得十分重要了。这些运动项目不仅对广大人民群众有巨大的吸引力，而且还能促进各民族之间的交往与融合。体育教学内容中的民族性是指在教学过程中，体育教师要重点教授那些具有我们民族特点的优秀体育项目，体育教育者既要发挥其健身功能，也要利用其优秀传统教育效应。但是体育教学内容只注重民族性还远远不够，任何一个民族在它的发展历程中总是会被各个方面的各种要素所制约，因此都会存在某种局限性。这种片面性与大千世界相比就表现得较为突出。如果只注重某一侧面的东西而忽视其他方面的情况，必然会造成体育教学内容单一化和僵硬化，从而阻碍学生全面素质的提高。所以体育教学内容一定要体现民族性和开放性相结合的原则，既要延续本民族优秀的体育内容，也要充分借鉴世界上各个民族优秀的体育内容，把它们结合起来，使其构成优势互补的局面，逐渐完善体育教学内容体系的功能。

4. 继承性与发展性相结合的原则

毋庸置疑，在教学中继承优秀传统文化具有重要作用。因此，基于体育教学内容的继承性特征，体育教育者应审慎选择体育教学内容，在保证知识体系系统完整的基础上多添加我国优秀的传统体育内容，让中华民族数千年的珍贵文化遗产传承下去。

文化的传承是有选择性的。因为时代在发展，所以事物的延续与淘汰在于其是否适应时代的改变。

因此，批判性和选择性是文化传承的外在显著特征。在体育发展过程中，由于社会历史条件的影响而形成了自己独特的风格。基于文化传承的选择性和批判性，在体育传统内容的吸取上，我们是以选择性继承为前提，应进一步充实其内容，在保持其原有特色与精髓的基础上，去除糟粕内容。因为体育具有发展性的特征，所以顺应现代社会的发展要求才能使其富有时代气息。以我国传统武术为例，作为一种民族文化遗产，其本身也是一个开放而又富有生机活力的有机整体，不仅包含许多优秀的传统技术和方法，而且还有很多新思想、新思维和新观念等因素。我们对武术传承与发扬就遵循了体育教学内容继承性和发展性相统一的原则。

（三）体育教学内容体系的结构特征

体育教学内容体系结构是体育教学各方面具体内容功能之间进行组合而形成的。这种结构就是学生应掌握基础知识，开展各种体育运动训练，帮助学生获得体育知识和技术技能，培养学生良好的品格。因此，要使高校体育课成为提高大学生健康水平和体质、促进身心健康发展的有效途径，就应该建立起科学的、新颖的体育教学内容体系。另外，应该突出学生的主体地位，适应社会对人才的要求。也就是说，要符合一定的条件和要求，既有其存在的价值，也具有可操作性，还要适应学校教育的特点。体育教育者应开拓思维、采取有效措施激发学生对体育运动的兴趣和热情，为学生树立持久的、良好的学习动机。一个好的体育教学内容体系结构有助于引发学生主动学习行为。学生对符合他们需求的教学内容更感兴趣。这也就意味着体育教学活动中教师要充分了解和掌握不同层次的学生心理活动特点，并根据其需求设计出适合他们发展水平的教学计划与方案，从而实现教学目的。此外，体育教学目标实现的基础就是有关教学内容发挥出协同作用，发挥出有效的综合效应。所以，建立体育教学内容体系的重点是优化和整合教学内容。根据心理学原理，人的需要可以分为个体需要和社会需要两种类型。而社会需要，就是社会对于教育的目标需求。从这个意义上讲，学生要走向社会化限度必须适应社会需要。这就意味着体育教学内容应该与学校培养目标相一致。社会的需求与学生的主体需求是具有同一性的，但是它们的时间顺序不统一，体育教育者要抓住体育教学内容结构这一根本特点。

1. 体育教学内容结构具有主观目的性

主观目的性是体育教学内容体系结构体现出的外在鲜明特征。只有在客观需要与主观目的一致的情况下所确立的体育教学内容结构，才能做到结构合理。

随着我国市场经济的建立与完善，人们生活方式也发生了巨大的变化，对精神需求越来越高，体育作为一种社会活动也受到广泛关注。主观目的性可以从两个方面来解读。第一，学生在不同阶段学习，对于体育教学内容的要求并不统一。因此，体育教学在内容结构上要对应不同学习阶段的学生需求，这反映了结构上的层次性。这需要体育教育者在丰富的体育内容中认真遴选、合理组合，根据体育教学的各层次目标来确定体育教学内容的结构。这样才能使体育教学内容结构合理而有序。第二，体育教学内容结构应有利于学生对知识和技术技能形成合理结构和方法基础。体育课程内容结构要符合人的认知规律，有目的的定向运动、模仿、记忆和思维训练以及动作的重复都是由一定的认知结构来组织实施的。因此，体育教学的内容结构要能够给予学生足够的体育知识和技能，在体育方法与终身体育能力养成上提供基础支持，以上就是体育教学内容结构中目的性的阐述。

体育课教学目的决定了体育课的组织形式必须以课堂教学为主。比如，小学阶段，由于体育教学的目标主要是提高学生对体育的兴趣，培养其基本的活动能力，同时培养学生的自尊心和自信心，为学生树立团队意识，因而小型球类活动、体操等活动性游戏是课程的主要内容。使学生在学习中体会体育带来的快乐，通过集体练习，形成协作精神，使各项基本的活动能力贯穿始终。升入中学后，体育教学的目标得到了提升，侧重点发生了变化，此时教学内容结构也需随之调整。从实际情况来看，初中与高中之间存在着明显差异，因此，在体育课上应该采取不一样的教学方法，以达到最好的教学效果。总之，在教学的不同阶段，教学目标是不一样的，教学内容也应与阶段性相符，不断调整教学内容的主观目的，为体育教学目标的达成创造条件。

2. 体育教学内容结构具有联系性

联系性也是体育教学内容结构的一个显著特征，可以从两个角度来分析。一方面，在教学内容结构在横向层次上覆盖范围很广。它包含了社会生活中一切与人身心健康有关的内容，如生理健康、心理健康、身体素质、社会交往等。学生的生理和心理发展都需要全方位进行，既要学习诸如锻炼原则、竞赛规则等原理知识，也要了解营养保健等基础知识，还要掌握包括多种运动技术技能和练习方法在内的技能知识，最终促进身体全方位发展。了解广泛的体育基本知识，掌握多样的运动技术技能，也能保持良好的体育态度，培养出高水平的体育能力。可以说，体育教学内容结构在横向联系上具有综合性。另一方面，体育教学内容结构又带有纵向层次的复合性。这也就意味着体育教学活动中，教师要充分了解和掌握不同层次的学生心理活动特点，并根据其需求设计出适合他们发展水平的教学计划与方案，从而实现教学目的。根据教学的基本规律，体育教学内容应随研究而逐渐深入，这就是教学内容的纵向特点。体育教学内容在不同层次、不同学科领域中有着广泛而丰富的内涵，这也是课程设置多元化的原因所在。而体育教学的目的也具有多元性，教学内容的综合作用是否发挥出来直接影响体育教学目标的实现。所以，体育教学必然需要多项内容的协同深入，即体现出纵向发展复合性。同时，又由于体育课与其他学科有许多不同的地方，所以体育教材在纵向上表现出广泛而深刻的联系。要增强体育教学内容结构全面性和协同性，必须保证纵向的复合性与横向的广泛性相结合，使教学内容互有联系，体现出广博性，有利于培养学生的创造性。

3. 体育教学内容结构具有包容性

体育教学内容结构具有包容性。具体表现为体育教学内容结构内互相渗透、彼此贯通。另外，它还具有开放性、动态性、整体性和层次化等特点。产生共轭效应是一门学问，要形成完整知识体系，因为唯有整体的内容体系之间的关联才是衔接流畅的。因此，对体育教材内容结构进行分析研究，应该先从这个问题出发。体育教学内容结构作为一个知识结构，应在纵向和横向上都做到衔接、相关。该结构内相互联系的性质，不可避免地需要不同内容间相互容纳。因此，体育教学内容结构中既有科学性，又有合理性，既能促进学生健康的成长，又能培养学生终身体育锻炼意识。与此同时，健身效果在体育教学内容中普遍存在与占据优势的现象使其对学生身心发展的影响呈现包容性。在这个基础上构建起体育课程内容的层次化框架，并对每个层次提出相应的具体目标。体育教学内容结构包容性强，使得教育者更加灵活地选择教学内容，使体育知识技能的综合性更强。

二、体育教学环境

体育教学环境在体育教学活动中处于基础地位，所有的体育教学活动，都要在特定的体育教学环境下才能开展。体育教学环境对体育教学效果有着十分重要的作用。体育教学环境影响着体育教学过程中的安排和布置，并且在一定范围内也决定着学生今后的成长方向。因此，研究体育教学环境对于深化高校体育教学改革具有重要意义。体育教学忽略了对其本身所具有的育人功能的关注，深层次地体现出人们对“以人为本”这一教育理念在认知方面存在偏差。如今，我们正站在新世纪这艘大船上，对我国体育教学改革进行全方位的考察，将视线转向体育教学环境这一被忽视的地方。

（一）体育教学环境的概念

首先，体育教学环境对体育教学效果有着十分重要的作用。想要明确体育教学环境这一概念，必须从环境、学校的教育环境、教学环境等相关概念入手。在哲学层面上，人所处的环境是由外部环境与内部环境两部分构成的。自然界就是外部环境，而内部环境指的是我们所处的文化环境，文化是由人类自身创造出来的。可以这样来理解，人类生活在环境中的状态可以影响人的内外综合条件。

其次，学校育人环境是指学校教育人员从事一切教学活动时依赖的物质基础，具有特殊性。它包括自然环境、人文环境、管理环境、学习氛围等几个基本因素。实质上，学校教育环境指的是人工、人文的环境，由于学校教育环境中所有的事物都被赋予某种教育意义，它反映着人的教育观念与审美意识。因此，研究和分析学校教育环境就成为认识和评价学校教育状况的基本手段。学校教育环境也包括多个层面，但在学校教育环境中，教学环境占据着举足轻重的地位。

体育教学环境就是指进行体育教学活动所需的一切物质条件的总和。从这个意义上说，体育教学环境是一个系统，由一系列相互联系的要素构成。

显而易见，体育教学环境属于教学环境中不可分割的一部分，教学环境比较微观，因而不能孤立存在。

（二）体育教学环境的构成要素

1. 体育教学的物质环境

（1）体育教学的场所

可以进行体育教学的场所有体育馆、田径场等各类体育场地，以及这些球场周围的环境，如树木、阳光、空气和草坪等。

从学校整体布局出发，为体育馆、操场选择合理的位置进行施工建造。除考虑到学校的总体布局以外，相关人员还要考虑体育馆的朝向采光问题，保持通风，隔绝声音，选择科学的建筑材料，保证体育场地的温度适宜。还要与学生运动生理及心理特点相一致，在审美、安全和卫生方面做到尽善尽美。注意环境对运动员心理活动及身体机能影响可以创造出一种和谐融洽的气氛。例如，田径场跑道走向通常应符合子午线。又比如，体育馆墙面及部分体育场地地面色彩通常使用黄色、橙色、红色等暖色调，这是因为暖色调在视觉和情感方面可以增强中枢神经兴奋，能调节人们对外界产生的兴趣趋向。此外，还有一些建筑物本身就是一个大运动场地或操场，这就更需要根据具体环境来设计和建造，否则将不能满足运动员训练及比赛对空间的需求。体育教学场所也是学校整体校园环境中的一个重要展现，包含了极其丰富的文化内涵，所以它应是学校中最为靓丽的一道风景线，也是对学生最为有吸引力的一个场所。

（2）体育教学设备

大致可以将体育教学设备分为两种类型。第一，常规性的器材。例如，图书资料、课桌椅、电化教学设备、实验仪器等。第二，体育器材辅助性设备。如体操垫、单杠、双杠、铁饼、足球、篮球、铅球等。这类设备在学校里都要配备齐全，而且必须经常地进行维护和修理。这些器材是进行体育教学活动所必须具备的，在完成体育教学任务中起着举足轻重的地位。

2. 体育教学的心理环境

（1）学校体育传统与风气

学校体育传统和风气，就是指一所学校中所盛行的集体行为风尚，具有普遍性、反复性和稳定性，是校风中不可分割的一部分。

优良的学校体育传统和风气，对于学生将起到潜移默化的熏陶作用，可以培养学生良好的体育锻炼习惯，塑造学生对体育运动的正确态度和兴趣爱好，大大提高学生体育文化素养。

（2）体育课堂教学气氛

教师和学生的心态和情绪波动等形成了体育课堂教学气氛，简单来说就是班集体对体育课堂教学产生的感情和情绪状态。

教师与学生之间的相互关系对体育教学成果非常重要，良好的课堂氛围能使教师与学生保持心理平衡，从而提高教学效率。活跃的课堂教学气氛有助于体育教师与学生建立信任，进行友好的感情交流。激发学生的学习热情与意识，并有助于学生面对困难时增强勇往直前的意志力。

（3）体育教学中的人际关系

人际关系就是一个人在社会交往过程中形成的一种人际心理关系。良好的课堂氛围能使师生之间以及学生之间维持良好的人际关系，从而提高教学效率。

在体育教学中，人与人之间的关系包括两方面内容：第一，体育教师和学生的关系问题；第二，学生和学生的关系问题。其中，师生之间的关系应表现为一种平等对话的关系，教师对学生有严格的要求，而学生则以自己独特的方式去接受教育。在体育教学人际互动的过程中把握好这两方面的关系十分重要，对体育课堂教学氛围有直接的影响。

（三）体育教学环境的特征

1. 体育教学环境的教育性

在体育教学的功能中，教育功能占据了重要地位。教育功能不仅反映着社会文化传统、价值观念等意识形态因素对个人行为模式及个性品质产生的作用，也体现出个体在人际交往中所处的地位及其相互关系。当今社会，这一职能已得到了承认与关注，体育教育者采用多种教学手段与方法开展教育活动，通过体育训练和竞赛磨炼学生意志，兼顾学生的身心健康发展。体育教学环境就是学生开展运动的介质场所，该环境的气氛和设计直接影响学生的身心活动效果。因此，体育教学环境的各要素无一不有教育意义，这一教育性表现在体育教学环境中独树一帜。

2. 体育教学环境的可控性

尽管体育教学环境是由自然环境构成，但其自身并非自发产生，它是受一定社会文化观念及人们对事物认识程度等多种因素影响而变化发展形成的。它以教育教学目标为依据，以教学计划为载体进行构思设计，可控性强。教学环境既可作为影响教学效果的主导因素，也可为辅助因素。在教育教学目标的引导下，体育教育者对整个教学环境中的多种要素进行持续的、多种方法和手段的调控，以达到教学目标，同时要注意突出学生的主体地位。体育课堂教学环境是由教师、学生和教学内容构成的一个复杂系统，与其他环境一样也受一定的客观规律支配。这样的教学环境下的气氛、心情、主体活动均处于受控状态。

3. 体育教学环境的潜在性

从表面上看，体育教学环境的存在只是作为主体知觉的背景。对运动主体的刺激和影响作用比较微弱，仅起到暗示作用。但是在潜移默化中，学生常常在无感知的情况下受到影响，正所谓“润物细无声”。它受一定社会文化观念及人们对事物认识程度等多种因素影响而变化发展。对于学生来说，体育教学环境就像空气与水，时刻影响着学生的活动。体育教学环境也像阳光和雨露那样感染着学生的情绪，它能激发我们积极的思维与想象，让我们获得无穷的乐趣和启迪。

（四）体育教学环境的功能

1. 陶冶功能

无数实例和经验告诉我们，想要体育教学环境具有培养学生的审美情趣，陶冶情操、涤荡灵魂的功效，就需要丰富教学环境的文化内涵，科学合理地设计其结构，使其做到高雅协调，却不失生动活泼的氛围。

体育教育者的任务之一就是培养学生高尚的道德品质，使其养成良好的行为习惯。体育教学作为实施素质教育的主渠道，它不仅能给学生提供一个良好的学习活动环境，而且还可以使其获得愉悦身心、提高修养的特殊效应。透过种种体育教学环境因素共同作用，学生在耳濡目染和潜移默化中得到熏陶，教育效果可谓“春风化雨，润物无声”，易于被学生接受。体育教学环境作为在一定空间范围内影响着教师与学生心理活动的一切因素的总和，若应用好陶冶功能，可有效促进体育教学目标的完成。

2. 激励功能

在教学过程中，一个好的体育教学环境可以有效促进体育教学的顺利开展，提高教师的工作积极性的同时增强学生的学习主动性。

因此，体育教育者应该重视创设良好的体育教学情境，使其成为学生喜爱的学习科目和活动形式。体育教学能给学生营造出诗情画意的环境，如绿茵茵的草地、空气清新、场地干净宽阔、智能化的设备和动感十足的运动场面等，不但拉近了人与自然的距离，还拉近了人与人之间的距离，使人与运动融为一体。这种环境不仅促进学生的身心健康发展，而且还激发着他们追求美的情感。学生在这种环境里跑着、跳着、拼着，无比轻松愉悦。由此，好的体育教学也应该成为一种充满情趣的活动。孩子爱动的自然天性在此得到了充分体现，而体育意识就像春天里的枝丫，在学生的心中逐日发芽生长。

3. 健康功能

因为教师和学生长期在体育教学环境中工作、学习，所以教学环境的好坏直接影响师生身心健康发展。

良好的教学环境能够提高教学质量和教学效果，有利于激发学生的学习动机、培养创新精神与实践能力。一个好的教学环境需要干净整洁、无污染、无噪音，更换老旧的教学设备，保障学生的安全。这样有利于提高体育教学质量和效率，也有助于培养学生顽强向上的精神品质。此外，体育教学轻松融洽的课堂气氛以及良好的互助人际关系，也为促进学生心理健康起到了重要作用。

（五）良好的体育教学环境的表现形式

1. 能够勇于突破传统授课模式

良好的教学环境能够提高教学质量和教学效果，有利于激发学生学习动机、培养创新精神与实践能力。

每一位教师都有自己独一无二的教学模式。体育教师的教学经验来自自己从事体育学习的积累和实践。他们的教学模式在潜移默化中形成，具有稳定性和发展性，并且与自身内在相一致。但是从某种角度来说，教师自身的教学模式也禁锢着他们的思维。想要教学得以顺利进行，必须拓宽体育教师的视野，打破传统的条条框框，大力推动体育教学改革创新。因此，研究体育教学的新思路、新方法是十分必要的。提高体育教学质量、达到教学目标是每个体育教育者的任务，要完成任务应该打破传统的思维方式，敢于改革体育教学模式，完善组织结构，创新教学方法，顺应现代教育发展的要求，营造一个与学生身心发展相适应的教学环境。

2. 能够激发全体学生的兴趣和参与热情

“让体育教学面向全体学生”是体育教学改革的首要目标，在课堂教学中应注重对学生学习积极性的引导，让他们充满热情地投入课堂活动之中，成为课堂主体，从而促进学生素质全面和谐发展。

教师在课堂上应该以充沛的热情面对学生，注重师德，采用一系列灵活新颖的教学手段吸引学生注意力，让学生在愉悦的氛围中积极主动地参与教学活动。另外，要注重课堂上师生情感交流，建立民主和谐的师生关系。培养每一位学生终身运动的意识。同时在体育课上让他们感受运动带来的快乐和满足，从而达到终身受益。激励学生主动参与体育活动，有助于学生在各个阶段树立学习目标，让学生在努力中感受成功的喜悦。

3. 能够充分发挥主体的自主性、创造性

（1）自主性

体育教学具有实践性较强的显著特征。在教学中有大量的师生互动与反馈，学生能否掌握运动知识、形成完善的运动技能，全靠自己的积极探索与实践。

因此，教师要善于运用各种手段调动学生参与体育活动的积极性，培养他们积极参加体育锻炼的好习惯。在教学过程中，教师要引导学生进行体育练习，激发学生兴趣，启发学生思维，拓宽学生视野，充实学生体育文化知识，让学生掌握获得知识的方式与手段。

（2）创造性

创造性就是在原有的知识和操作成果上进行提升和突破，实现超越。教师要善于运用各种手段调动学生学习体育的积极性，培养他们积极参加体育锻炼的好习惯，让学生学会自主锻炼的同时，发展创造能力。体育教师应重视对学生创造能力的培养和发展，在教学中要打破传统教学模式，保证体育课的内容丰富、活动新颖，激发学生的创造性。以体育舞蹈教学为例，学生不但要能模仿教师的舞蹈动作，同时也要学习舞蹈原理，进行舞蹈动作编创。学生只有通过反复实践和探索，才能掌握动作要领，并运用所学知识去创编新动作。在教学中给予学生一定的辅助，如给学生配备个性设备，激励学生展开想象，提高学生的参与兴趣，充分发挥其创造力。

（六）体育教学环境的调控

作为一个整体系统，体育教学环境包含着诸多因素，与体育教学活动有着密切的联系。

体育教学环境具有积极作用和消极作用两种属性。体育教学环境如何，直接关系到体育教学质量结果。想要实现体育教学环境积极作用最大化、减少消极作用，达到优化体育教学环境，对体育教学环境的调节是非常必要的。优化体育教学环境是实施素质教育的需要，教育改革和发展离不开学校内部的各种条件。规范体育教学环境有很多方面，重点强调以下几个方面：

1. 重视体育教学环境的地域优势

想要全面改善体育教学环境，相关人员应充分发掘、利用现有环境优势，尽量减少、规避缺陷，弥补不足。

因此，我们应该充分利用现有资源，因地制宜，扬长避短，创造出适合本校学生发展的学习生活环境。每一所学校都能在自身环境条件下找到可挖掘的潜能。

2. 重视体育教学环境的整体布局

组成体育教学的环境因素既包括物质方面，也包括心理方面，是相当复杂的。因此，体育教育者应该充分利用现有资源，创造出适合本校学生发展的学习生活环境。

只有在各方环境因素协调作用的情况下，体育教学环境才能充分发挥出其正向功能。如果各方面的条件不协调或相互矛盾，就会在体育教学活动中出现各种问题，影响教学质量和效果。所以对体育教学环境进行调节，首先，应从宏观角度出发，立足总体布局谋划。不但要合理规划体育场馆的建筑设施，还要考虑周边环境绿化问题，场内外都要保证通风、采光。另外，还要有选择地采购图书资料，置办各种教学设备，注重良好班风、学风的建立以及课堂氛围的培养，做到整体把握、综合调控。其次，还要注重体育教学环境中各要素之间相互联系、协调统一的关系。重视体育教学环境硬件的建设与美化，应符合学生生理和心理发展特点，遵循教学基本规律和心理学、美学基本原理，科学规划体育教学环境，使其发挥出真正的作用，促进学生强身健体、健全人格。

3. 重视体育教学环境中强势因素的作用

人类行为在心理学层面受到环境的影响。不同性质的环境可以给人们带来不同的效果。这种影响作用往往是通过特定场所内特定空间和时间的氛围表现出来的。在调节体育教学环境过程中，运用这个原则可以恰当地体现体育教学环境的外在特点。在特殊场景中提升环境影响力可以让教师和学生在行为上都产生积极改变。比如，在规范师生言行方面，可以通过在体育馆门口增设一面全身镜，方便师生的仪容整理，正所谓“以铜为镜，可以正衣冠”，从侧面突出对师生行为的规范、约束。同样，也可利用墙壁上的图案或标语来提醒学生规范言行。在教室内摆放体育器材和书籍，可提高课堂密度和教学效果。结合具体的情境，发挥强势因素在体育教学环境建设上的作用，这是一个重要的调控策略。调节好体育教学环境，可以取得理想的效果。

第三节　体育教学的任务与特点

一、体育教学的任务

（一）学习掌握体育的基础知识

学习掌握体育的基础知识，可以让学生深入了解体育的目标，认识体育在教育中所处的位置与影响。

学习锻炼身体的基础实用技巧，培养自觉坚持体育锻炼的习惯和能力。让学生掌握和理解身体锻炼的基本原理，用科学的方法锻炼身体，培养其终身锻炼身体的意识和能力。

（二）发展学生良好的思想品德

培养学生勇敢顽强和富于创造的精神，遵守纪律、团结协作和朝气蓬勃的体育道德作风；因势利导，全面地发展学生适应于社会和生活需要的个性；提高对体育的认识，培养经常参加身体锻炼的兴趣和习惯。

（三）全面发展学生的身体

根据学生的年龄特点，有计划地进行各项内容的体育教学，以促进学生身体的正常生长发育和生理功能的发展。

上述三项体育教学任务是互相联系的统一整体，是通过体育的实践活动和理论讲授完成的。这三项体育教学任务必须协调一致，全面贯彻，不可偏废。但在具体教学中，根据课的具体任务、教学要求和教材特点而有所侧重也是理所当然的。

二、体育教学的特点

（一）身心合一的健身统一性

体育对人的影响体现在两个层面：既体现在形态结构上，又体现在生理机能上。

可以说，体育对人的改造是身与心的统一，是身心合一的健身统一性。健康不仅仅体现在身体健康上，还体现在心理健康水平和社会适应能力。体育教学应该在追求增强学生体质的同时，多关注学生的心理发展和精神健康。体育教学活动本身就具有促进学生心理素质全面健康发展的功能。所以体育教学应为学生心理健康成长提供优越环境，善于创造与智育教学不一样的、更生动的教学气氛。教师只有不断提高自己的综合素质，才能驾驭好体育课。通过合理地组织教学，将体育活动本身蕴涵的吸引力成倍扩大，促使学生热爱体育运动。体育教师要努力挖掘教材中的情感因素，把它作为培养学生健康心理不可缺少的重要资源。体育教学要在愉快的氛围中进行，强调解放学生的独立个性，提高学生的主观能动性，重视学生的情绪体验，让体育活动成为和谐人际关系的培养介质。

（二）体育教学过程的教育性

教育性是教学过程中最显著、最持久的特征。在任何教学过程中，基本法则都是围绕着教育性展开的。

探讨体育教学的教育性原则，对深化我国学校教育改革是十分有益的。可以从以下两个方面阐述体育教学具有的教育性：

首先，形成体育环境的基本要素如下：特定的目标任务，规范的组织原则和要求，学习并掌握相关运动技能，战胜种种困难的决心等。其中任何一项环境因素对学生的心理状态都会产生作用，好的环境条件会带来积极影响。学生是在这样的环境下学习运动的，受到的影响是长期且直接的。因此，体育教学过程不仅是传授知识技能的手段，而且是一个培养学生健康个性品质的重要途径。另外，体育教育者使用的教材、教学方法，以及形成的课堂氛围与班风班貌都是体育环境中的一部分。体育环境中的各个要素都会在潜移默化中熏陶教育者和受教育者，在无形中影响学生的身心健康。而体育教学过程中所表现出来的各种心理效应可以提高教学质量，增强学习效果。

其次，脱离了教室，学生真实的思想和情感在体育教学中会很自然地显露出来。所以体育教师要注意观察学生的心理活动规律，运用心理学知识，及时掌握学生的思想动态，这样才能做到有的放矢，因材施教，收到事半功倍之效。因此，在体育课上加强思想品德教育具有重要意义。体育教学中可以实施的思想品德教育内容极为丰富，从广义上讲，如养成团结友爱、互帮互助的品质，树立热爱集体的观念与感情，形成竞争意识并且养成坚韧不拔的性格。

（三）教学目标的多元性

教学目标具有多元性。如增强体质，掌握运动技能；愉悦身心，提升心理品质；规范日常言行和运动行为，促进社会化；构建良好的人际关系，促进师生、生生互动和交流等。随着时代发展和教育改革的推进，体育教学目标逐渐向多元化方向转变。体育教学目标具有的多元性是相对于其他学科教学目标而言的。

（四）授课活动的复杂性

体育教师的课堂教学要突出特色、拓展思维，创建新颖的教学模式，这样才能提高教学的有效性。

具体来说，教师要保证体育教学课堂条理清晰，课程内容安排具有合理性和可操作性，也就是说要对学生运动负荷进行调节和控制，避免运动损伤。教师在组织学生练习前要详细地为学生示范标准动作。因此，体育教师不仅要提高自身的教学素养，还要熟悉掌握高水平的运动技能。在体育课堂上，教师必须以正确的态度和方法向学生传授知识、技术、技能等。体育教师的教学既有体力活动的属性，也有智力活动的属性。

体育教师既传授知识和技术，同时也要组织安排活动。在教学活动中，教师应根据学生心理发展规律和特点进行有效的组织教学，这样才能提高教学质量。这说明体育授课活动并不像看起来的那么容易，它比理论学科授课活动更为繁杂。

第四节 推动高校体育教学改革的对策

一、加强学生体育意识的培养

作为高校体育工作者，我们要将新时代的教育观念融入实际教学当中。关于教学理念问题，要使学生明白体育的真谛，认识终身锻炼的意义，强调知识与能力有效融合。另外，要重视学生参与体育运动的积极性，引导他们积极主动地参加体育锻炼。就教学内容而言，高校体育教师在授课的过程中，除讲授与体育有关的理论知识外，还要教给学生多种健身方法。在教学方法上，高校教师应当根据不同阶段学生身心特点开展相应的教学活动。在教学组织方式方面，高校体育教师提倡要符合学生个性发展，教学过程中要对学生体育学习兴趣进行全面培养。总之，高校体育教育不仅能够提高学生身体素质，而且能够促进大学生综合素质全面提升。伴随着我国素质教育的进一步推进，对我国高校体育教育进行创新理性思考，使学生能够及时获得运动技巧与运动技巧的重要途径，有利于其积极人生观的养成。①

二、优化体育教学方法

随着我国教育事业的不断发展，人们逐渐意识到高校体育课对于高校学生综合素质和身心健康的重要意义。体育教师必须转变自身的教学方式，将课堂理论学习和实践训练相结合，从而提升大学生身体素质和运动水平。高校应尽可能对体育实践课和理论课进行平衡，使学生对体育有一个更具体的认识，培养学生体

① 杨林．社会新形势下高校体育教育理念的更新与重构［J］．亚太教育，2015（25）：48．

育学习兴趣。教师应当更新教育观念，改革教学方法和手段，将体育理论融入实际教学活动中去。体育教师可对高校体育教学内容进行拓展，促进教学形式的多样化。教师还需要注重课堂组织和教学方法的改进。此外，教学过程要把健康问题放在首位，终身体育锻炼是体育教学的理念，使学生建立终身体育意识，养成锻炼身体的好习惯。体育教师还应当注重教学方法的创新，采用多种教学方式来增强教学效果。在实践运动锻炼中提升体育教学质量。以此对高校体育教学方法进行优化，以期更好地促进我国高校体育教学进步。

三、提高高校体育教师的综合素质

在影响体育教学质量因素中，体育教师的综合素质具有举足轻重的地位，极大地影响着高校体育教学。

随着我国教育事业的不断发展，人们逐渐意识到高校体育课对于高校学生综合素质和身心健康的重要意义。因此，许多高校都设置了专门的体育选修课。体育教师综合素质主要由教师的教学能力、创造能力、组织能力、训练能力与职业修养构成。面对目前我国部分高校体育教师综合素质不高的问题，各大高校应着力提升高校体育教师综合素质。各大院校应强化体育教师职业技能培训，通过定期培训，增强教师的教学能力，提升其组织能力和其他综合素质，为提高体育教学质量打好基础。另外，还应该加大学校对体育教师的重视程度，建立一支优秀的体育教师队伍。提升教师教学水平，发挥体育教师的人格魅力，可以激发学生的体育学习兴趣，激励学生积极踊跃地参加体育锻炼。因此，各高校应当重视培养优秀的师资队伍。只有大力保障高校体育师资力量，才能真正发挥体育教师的教学功能，推动我国高校体育教学改革不断深入。

第二章　高校体育教学理论

本章主要介绍了高校体育教学理论，并对四个方面的内容进行了阐述：分别为高校体育课程教学理论概述、高校体育教学的课程与目标、高校体育教学理念的流变、高校体育教学内容体系的构建。

第一节　高校体育课程教学理论概述

大学体育对于学生整个人生的体育来说也处于一个中间阶段，在这个重要的阶段主要是对中小学阶段的教育成果进行巩固和在此基础上的提高，让学生在大学阶段养成独立思考和学习的习惯和能力，为之后的终身体育打下基础。体育理论教学主要是对体育的基础知识以及思想教育进行传授的形式。其中，学生可以通过体育卫生知识教育来获得知识与预防伤病，保持健康的生活状态，也可以通过体育保健知识来加强自身锻炼的积极性和主动性，对自身的锻炼可以有一个科学的、系统的指导，以此来保证终身进行体育锻炼的能力，同时也能提高学生的体育文化素养，增强体质。

一、我国普通高校加强体育理论课程教学的具体要求分析

（一）注重理论教学中的间接经验

学生在学习过程中对于知识的获得主要是通过间接的经验，这可以让学生在学习中避免走很多错误的、曲折的道路，可以实现在短时间内对于基本知识的掌握，并且可以在此基础上对客观世界有深刻的认识，保持较大的热情对未知的世

界进行探索。因此，学生间接学习能力的提高可以提高学生的体育学习能力和水平，有利于我国高校体育教学理论的教育和教学的发展。高校体育教学只有将理论与实际相结合，根据教学实际和学生的实际状况合理配置理论课程和实践课程的比例，才能最大限度地将体育教学的最佳效果呈现出来，实现体育教育的快速发展。

（二）根据学生身体差异开展健身活动

科学合理的健身活动不是一项简单的活动，需要教师对学生的身心发展、个体差异有一个准确地把控，科学合理的健身活动是一项系统的工程，其中有很多环节相互联系，只有这样才能保证这个系统的正常运转。大学这个阶段的学生的心理特征是比较稳定的，因此，在这个阶段，教师可以积极引导学生对相关的体育理论知识进行学习，深化体育理论知识的学习。不仅如此，学生在思想和认知上也较为成熟和稳定，在这个阶段可以对体育理论的重要性有更加深入的认识，明确体育理论学习的意义。

二、加强体育理论教学在普通高校体育课程中产生的重要作用

对体育教学理论的加强是非常有必要的。体育教学中的理论知识存在需求上的不足，理论教学可以弥补这个缺点，同时也能促使教师的专业知识水平得到提升，实现较好的教学效果。

（一）理论知识学习能够有效提高体育课程的教学质量

当前，个别高校依旧认为学生学习成绩的好坏会受到体育课程开展的影响。出现这个顾虑的主要原因在于，理论课程的开展对于体育教学的积极作用，教师并没有认识到体育运动可以助力学生的学习，帮助学生养成良好的思维能力并提升学习效果。教师将体育理论知识的教学和体育实践课的教学相结合，让学生更加系统地了解体育训练的优势，调动学生学习的积极性和主动性，有利于学生掌握学习技术。为了实现上述的教学效果，不仅需要进行身体的各项活动，还需要观察和思考各种运动的技能和特点，学生在这个过程中可以激发学习的兴趣，还能提高学生的学习能力，进而实现学习成绩的提高和进步。除此之外，实现体育

理论教学与实践技能教学的结合，可以使得教师队伍的整体能力得到提升，还能实现和推动体育教学改革。

（二）理论知识学习能够增强学生的思想品德素养

加强体育理论教学可以提高学生的思想品德和培养学生的纪律作风。在理论教学中，体育教师可以实现与学生更加充分的沟通和交流，在情感和思想上，师生之间可以达到一个较为融洽的状态。此外，学生在体育课程中开展活动，也会使教师对学生的思想状态和行为表现进行把握，并以此为基础，实现对学生有针对性的教育，对于学生的不良行为和错误倾向及时进行制止。在体育理论教学中融入思想教学，借助于教师的思想意识和行为来实现对学生的言传身教，在潜移默化中提高学生的思想意识和体育能力，进而提高学生的身体素质。加强体育理论教学，实现与实践技能教学的有机融合，可以实现体育教学质量和教学效率的提高。

三、强化高校体育理论课教学的对策

（一）教学内容的选择要突出全面化、终身化

当前社会，各个学科的发展模式都非常快，高校体育理论教学也受到了影响。在我国的高校体育理论教学中，在教学的形式和教学的内容上面临以下选择：首先，对原有的体育教学形式进行了颠覆，实现体育理论教学体系的重新建构。其次，在当前的教学内容和形式基本稳定的前提下，积极进行微调和补充，以此来解决当前体育理论教学中出现的体育教育发展与体育理论教学内容不符的情况。立足于当前教育实践，第二种的可操作性较强，也就是说，各学校依托于现有的基础，根据自身的发展说，选择适合本校的和本地区的、与学生的学习实际相适应的教学内容、教学目标、教学形式。在对教学内容进行选择的时候，应该立足于大学生的实际情况，主要目的在于扩大学生的视野，完善学生的知识体系，同时要注重教学内容的实用性，实现体育理论教学的科学性，只有这样才能让学生的体育认知水平得到提高，同时掌握身体锻炼的方法和原理，为终身体育教育的落实打下坚实的基础。

（二）教材选择要从实际出发

高校的学生正处于青春期，充满活力和朝气，有着敏锐的思维，兴趣爱好非常广泛，思想活跃和开放。但是，这个阶段的一些学生在体育知识、体育技术以及体育技能方面较差。不仅如此，高校教育的教学任务和教学性质使得高校体育理论教材与其他的专业学科不同。鉴于此，高校在对体育理论教材的选择上应该使教材与高校的培养目标相符合，切合学生的实际学习情况。

（三）建立一支高水平的师资队伍

在《中国教育改革和发展纲要》中明确指出，教育是国家复兴之本，而教育之复兴在于教师。培养一批政治素养高、业务能力强、人员结构合理以及相对稳定的师资队伍是当前我国教育改革与发展的基本问题。要做好大学体育教育的改革，提高体育理论教学的质量和水平，需要有一批高素质的教师来实行和落实。由此可见，作为高校体育教师，需要不断地加强自身的能力，不断地学习新的知识，不断地提升自己的理论储备和水平，提高和更新教学手段，以此来促进教学的不断进步，从而培养出更高素质的大学生，培养出对社会有贡献的人才。

（四）改变体育理论课考试模式

过去的体育理论仅限于以下体育内容：体育的目的、体育的任务、保健、体育测试、体育评价等方面。由于学习范围不够大，加之体育教学目标不明确，很难从根本上提升学生的综合素质，进而学生在学习过程中出现死记硬背的现象，这就会导致学生的独立思维能力得不到提高，学生的创造能力也会随之降低。有的高校会采取双向渠道——课堂主题讨论及课后笔记作业，在体育实践中反映学习效果，在与实践的结合中增加和深化学生的认知。此外，一些大学尝试采用“体育论文”的方式进行体育理论课的测试，得到了较好的反馈，学生可以采用多渠道对资料进行收集。比如，从图书馆查阅图书、在网上查阅资料、查看报刊、听取广播等途径，并以自己的实际状况和所学的运动知识为依托，把“被动学习”转变为“主动学习”，拓展学生的视野和知识面。只有这样，学生才能通过对体育课程的理解，逐渐树立起终身体育观念，在学校中具备终身体育所必需的基本素质和行为模式。

（五）强化体育教学过程中“学生”的主体意识

不管体育教育论是如何进行总结的，在实际教学中，经常会出现不明确的体育教学主体的问题。所以，正确认识体育教师与学生之间的关系是非常必要的。学生是教育的主体，这是由学生的学习和社会需求所决定的，这种作用并非个体提出的。作为体育教学人员应对这一点进行明确，认清学生的主体地位。体育教育的目标和教学理念如下：提高学生的身体和心理素质，使学生对于体育的兴趣增加，培养体育的学习观念，提高个人的审美趣味，使学生的人生得到丰富。

从这一角度来看，体育教师是一个指导和督促的角色，体育教育的核心是练习，而不是仅仅依靠教师的工作来实现学习。在体育教学中，我们可以逐步提高体育教师的能力，使他们有足够的时间和条件去关心和帮助学生提高成绩，实现学习者的学习目标。

（六）体育教学科学化限度应落实到微观体育教学过程中

对于体育教学的科学化限度仅仅依靠单纯的口号进行宣传是不行的，应该将其落到实处，落实到每一个负责体育教学主体的人身上。在教学中可以通过心率指标实现测定学生的身体运动强度；通过使用 POLAR 表，实现对个体运动中的心脏能力的测量；借助于乳酸阈测定与最大摄氧量的结合，实现测定学生有氧工作的能力，实现对学生体质的监测。在教学中，为了提高学生对运动能力的学习与分析，可以通过对以下内容的讲解来实现：翻正反射、姿势反射、直线加速反射、旋转反射、对状态反射等。在运动技术的学习阶段，让学生了解运动学习的具体表现，包括泛化、分化、自动化三个阶段，以便更好地掌握个人的动作技巧学习时机，更好地呈现出较好的教学效果。

在目前的体育教学中，体育理论课是薄弱环节，因此，体育教师应树立良好的意识，注重理论教学，不断地改革和创新教育教学的方式和手段，通过生动、形象、具体、广泛性的语言以及自身所具备的丰富的知识，为学生揭示自然界、人类社会中所蕴含的体育规律，以此来调动学生的学习兴趣和积极性，从而达到体育理论教学的目的，收到较好的体育理论课的教学效果。

第二节 高校体育教学的课程与目标

一、体育教学目标的概念界定

体育教学目标是体育教学指导思想的具体体现，是体育教师组织和进行体育教学活动的指南，也是评价体育教学质量标准的依据。体育教学目标表现为对学生学习成果及终结行为的具体描述。在体育教学活动开始之前，教师必须明确学生学习结果的类型，并且用清晰的语言陈述教学目标。编制教学目标是教学设计中非常重要的组成部分，阐明教学目标已经成为体育教学实践和研究的普遍要求，也是体育教学设计的一个核心环节。体育教学目标是指体育教学活动的主体预先确定的、在具体的教学活动中所要达到的、利用现有技术手段可以测定的教学结果和标准。科学设计目标本身已成为当前体育教学领域中的一个重要研究课题。

二、21 世纪高校体育课程教学目标的基本特征

（一）科学性

第一，学校体育教学目标应当首先考虑四个方面，即保健、营养、身体技能和身心全面协调发展，而高校体育教学目标更应注重与社会的发展相适应，提高人才意识。第二，体育作为一种人文现象，它有生物、心理、社会等多方面的功能，应根据社会的需要和学生的特征，去体现体育的多种功能，并建立体育的课程教学目标。要根据高校的专业和学生构成特点在多功能中有所选择，在重视学生体质的同时，还要兼顾学生的心理发展以及适应社会能力和终身体育能力的培养，促进学生的心理健康并塑造完善的人格。第三，体育教育也要注重对学生创新能力与个性的培养。在体育教育与教学中要重视对学生创造性和体育意识、体育兴趣的培养，只有这样才能塑造出符合新时代发展的人，使高校真正成为人才的摇篮。

（二）具体性

高校体育教学目标要在不同年级、不同层面上具体化，把目标落到实处，既

要有明确的目标，又要有具体的方法，使教学目标可行、有效。在目标的具体操作上，不仅要追求学生外在技能水平的提高，还要全面追求学生的身心协调发展；既要通过体育教育完成对学生身心健康、技能培养、知识传授等方面的任务，还要培养学生对体育的志向、爱好、习惯、能力，为学生终身参加体育锻炼打下基础。要以“学生发展”为中心，但不是以“学生”为中心。体育教学目标还应注重各个阶段之间的衔接关系。在目标的表达上语言清晰、层次清楚，使各个相邻阶段的目标层层递进，要体现体育课程目标体系的具体性。

（三）整体性

体育教学目标应以“育人为本”，实现社会、学生、学科的有机结合，从整体上进行协调。体育课程教学目标的制定，应注意整体性和阶段性，按照不同的年级、不同的层次来确定目标。各个阶段目标的设置与学生自身的体育水平和身心特点相符合，不能脱离实际，应有所侧重，充分反映各阶段的特点，体现目标的针对性。各个阶段目标的设置要承上启下，体现目标的可操作性。各个目标的设置都应包括技能、认识、情感三个方面，体现目标的整体性。

（四）发展性

高校体育课程教学目标不应局限于学生在校时各方面的身体发展，而要培养学生自主地参加锻炼、体验运动的乐趣，进而形成自觉锻炼的习惯。从横向发展来看，应将课内、课外目标相结合，形成二位一体的教学体系。对学生自身而言，要根据个体之间的差异，充分挖掘学生的身心潜力，体现“以学生发展为本”的基本观念，自始至终贯彻“终身体育”的思想。从纵向发展来看，应将高校体育教学目标与社会的发展和学生适应社会相结合，为社会培养优秀人才。

三、确立体育教学目标的要求

体育教学目标是一个结构严密、层次分明、排列有序的系统，不论制定总目标、大目标、中目标还是小目标，都应从整体出发，注意目标系统纵向与横向的有机联系，特别要研究各层次目标的纵向衔接。

体育教学目标应该明确、具体、尽可能量化。教学目标要明确规定教学后所要达到的结果，必须用可观察的、可测量的、具体化的量化指标加以描述。这样有利于加强体育教学工作的计划性，为体育教学实施，特别是检查与评估工作奠定基础。

体育教学目标应具有一定的弹性。体育教学目标受多种因素的制约，而诸多因素都在不断变化。因此，保持体育教学目标的稳定性是相对的，而体育教学目标的发展、变化是绝对的。这就要求我们在制定体育教学目标时，要保持一定的弹性，以便依据实际情况进行必要的修改或调整。

四、确立体育教学目标的原则

（一）科学性原则

体育教育目标具有科学性，科学性是指在体育教育中，体育教育目标的制定应该与各个阶段学生的身心发展规律和特点相符合，可以实现学生自身的成长。

体育教学目标科学体系包括以下五个方面：其一，反映学校体育学科特色；其二，目标要综合与全面，包括情感、认知、身体素质、动作技能、健康素质等方面；其三，要结合教材的特色，对教材的重点与难点进行突出；其四，要具备很强的可操作性；其五，难度要适中，所设定的目标应当是大部分学生经过一定努力可以达到的。

（二）灵活性原则

体育教学目标的设计尽管是面向大多数学生的，但由于不同学生体育基础和能力等方面存在一定的差异，因而目标又必须有一定的灵活性，这就要求教师要尽可能地将教材根据难度设立不同等级，确保每个学生都能根据实际水平达到相应的等级。

（三）整体性原则

体育课堂教学目标指的是单元目标和课时目标。在编制体育课堂教学目标时，要把握学校教育目标和体育课程目标，从整体出发，充分反映学校教育目标和体育课程目标的总体要求，并注意处理好一般和具体的关系。

（四）可测评性原则

体育教学目标的设计是用比较科学、准确的逻辑语言来描述的，这种描述一般比较抽象，比较难确定评价标准。这就要求在实际操作中，所制定的体育教学目标不能用笼统、模糊的语言来描述，要有一定的量化指标，并可以通过一定的内容和方式进行客观的评价和检测。

（五）长期目标与短期目标相结合原则

长期目标应同短期目标相结合。所设定的目标不应该直接指向终极目标，相反，长期目标应该分解成短期的子目标，当子目标被实现后，自然就加大了实现长期目标的可能性。研究的成果表明，长期目标与短期目标相结合具有其合理性，因为短期目标能够给学生以期望，调动学生的积极性，长期目标给学生以遥远感，长期使用长期目标会降低学生的学习兴趣。

上述体育教学目标确立的要求、原则是制定体育教学目标之前必须了解和掌握的，对体育教学目标的制定具有方向性指导，对提高体育教学质量与效果具有非常重要的意义。

第三节　高校体育教学理念的流变

一、“健康第一”理念

（一）“健康第一”教育理念概述

1.“健康第一”教育理念的基本内涵

“健康第一”这一理念在我国首次提出是在20世纪50年代。20世纪90年代，为了进一步促进我国体育教育改革，“健康第一”的理念和思想被再次提出并引起重视，这一时期的“健康第一”理念与20世纪50年代的“健康第一”理念本质不同，它是在我国素质教育改革下的一种教育诉求，是一种新的、具有创新意义的教育理念。

“健康第一”教育理念强调体育教学中的首要目标是促进学生的身心健康发展，然后才是体育技能的提高，其在“学校教学忽视体育教育”和“体育教学以竞技体育为主要内容”的传统学校教育教学中是一种新的教育思想和观念的突破。

2.“健康第一”教育理念的依据

（1）“健康第一”教育理念符合世界发展潮流

世界卫生组织提出现代健康新理念后，世界各地开始广泛开展健康教育。为适应世界健康发展新趋势，我国提出“健康第一”教育指导思想。1990年6月，教育部和卫生部首次联合颁发《学校卫生工作条例》，依法将健康教育纳入学校体育教学，积极开展各种健身活动，关注学生的健康发展。学校体育教育教学的重点发生了根本性的变化，已经从“单纯的技能传授、重视学生体育技能发展”向“促进学生身心健康发展和社会能力的提高”方面转变。2005年，党中央国务院公布的《关于深化教育改革全面推进素质教育的决定》，进一步明确了在现代我国体育教育教学中坚持“健康第一”指导思想的重要地位与作用，在全世界都强调素质教育的大背景下，“健康第一”成为我国体育教育教学的重要改革指导思想。

（2）“健康第一”教育理念适应当代社会发展需求

21世纪的人才是全面发展的人才，社会的快速发展与激烈竞争要求当代人才不仅要有正确的政治思想，具备扎实的科学知识和能力，还必须具备强健的体魄。要想在这个充满竞争的社会中立于不败之地，必须拥有一个健康的体魄。实践表明，学生积极参与体育健身活动，不仅强化了体魄，增强了抵抗力，还有利于学生良好心理素质和智力的发展，这对学生的个人发展、国家与社会的可持续发展都十分有益。

（3）“健康第一”教育理念的特点

“健康第一”教育理念内涵丰富，其在体育教学实践中表现出以下特点：

第一，强调素质教育。“健康第一”教育理念重视学生的健康发展，它指出，学校教育教学的首要目标是促进学生的健康成长，学生的身心健康比考试升学更为重要。

第二，健康的基础是身体健康。健康的体魄是人全面发展所依附的基础，是人类发展的基本标志。[①]所有教育的开始都源于健康的身体。学校应重视对学生良好身体素质的培养。

第三，健康的全面性。“健康第一”教育理念中的“健康”是一种多维的健康，是真正意义上的健康，不只是身体的健康，还包括心理健康、生殖健康、道德健康等。

（二）“健康第一”教育理念在我国高校体育教育中的实际应用

体育是一种身体文化现象，人的生理与心理是从事一切活动的基本要素。“健康第一”的出发点是每个人的全面发展，是学校体育发展的一种全新理念。“健康第一”教育理念的提出对于现阶段社会发展对综合素质人才的要求和学生日后的健康、全面、可持续发展具有非常重要的指导和帮助作用，体育教育促进健康的本质功能得到了充分的体现。

当前，“健康第一”体育教育理念在我国高校体育教育中的应用主要是在“健康第一”教育理念的指导下，不断促进我国高校体育教学各要素的发展与完善，使之充分体现“健康第一”教育思想内涵，并在具体的教学过程中得以落实。

1. 体育教学目标的明确

“健康第一”的教育理念为促进我国高校体育目标多样性、多层次的建构提出了新的要求。当前，“育人”是学校体育教学工作的最根本目标之一，技术教育和体制教育并不能完全作为学校体育实践的重心，应该把重心从单纯地追求学生的外在技能水平向追求学生的全面协调发展转移。这些都体现出了我国在学校体育改革中更加注重学校体育目标的人文倾向。

“健康第一”教育理念的科学贯彻落实，要求我国高校体育教育应重视学生健康知识与素养的全方面培养与提高，应将体育教育、卫生教育、美育等有机结

① 高鹏. 从科学发展观谈学校体育教育“三大理念”的内涵［J］. 科技信息，2009（34）：259，263.

合起来。“人的全面发展”是以健康的体魄为基础的，人类发展的基本标志之一就是健康、长寿。具体来说，学校应加强学生的营养指导，让学生了解有关营养、卫生保健的知识，并形成完善的体系，紧密结合学生生长发育与生活实际开展健康教育，使学生学会自我保护，预防疾病发生。此外，还要把学生青春期教育和心理健康教育作为健康教育的重要内容来抓好，并寓美育于体育之中，提高学生对体育的兴趣，提高其运动质量。

2. 体育课程体系的调整

课程体系改革是当前体育教学改革中一个非常重要的方面。通过课程体系方面的改革，能够使教学内容更加丰富多样，还能够更好地满足学生的发展和社会的发展需求。

在“健康第一”教育理念的影响下，传统体育教学中的教学课时少、课程内容安排不合理、课程体系不健全的情况得到了有效的改善。学校在设置相应的体育教学课程时，开始考虑学生身心各方面发展的需求，并且在课程中逐渐将学生作为课程中的主体。学校在进行教学内容和课程体系设计时，更加注重学生的个性和性别特点，并且开始根据学生的身体素质水平来提供丰富多彩的体育教学内容。各种体育教学内容在促进学生的身心健康发展方面效果更加明显。

3. 体育教学方法的优化

体育教学方法是促进体育教学过程顺利开展的重要因素，在“健康第一”思想的影响下，通过多种形式的改革，体育教学方法日益丰富化和多样化，对于培养学生自觉的健康意识和健康行为发挥着重要的作用。

当前，促进体育教学方法的优化是“健康第一”教育理念的一个重要要求，要求体育教学方法在体育教学中的科学应用必须能够实现体育教学对学生参与体育积极性和主动性的调动，使学生从主观上重视体育对健康的促进作用，使学生在体育教学过程中得到全面、健康的发展。

4. 教学评价体系的完善

在“健康第一”思想的影响下，体育教学的评价应以学生的体质增强、身心健康发展为重要评价指标。当前，新的体育教学评价体系不仅注重对学生进行全面的评价，还注重对教师教学方面的评价。在对学生进行的全面评价中，有以下两个方面：一方面，教师开始重视对多方面的教学效果进行量化分析，并且将定性评价和定量评价相结合，大大提高了体育教学评价的科学性，对于学生认识自身的不足以及获得学习的动力起到了良好的促进作用；另一方面，教师对学生的评价内容日益多元化，关注学生的多方面成长与发展，具体的评价内容开始不仅仅局限于对其技术技能的掌握情况，而是更加注重对其创新能力、学习态度、意志品质等方面进行综合的评价，真正关注学生全面的健康与发展。

二、“以人为本”理念

（一）“以人为本”教育理念概述

1.“以人为本”教育理念的内涵

“以人文本”是我国现代体育教学的一个重要教育理念与指导思想，重点强调了教育中“人”的发展。“以人为本”教育理念指出，教育的出发点、中心以及最终归宿都是“人”，教育是以人为基础和根本的，教育的目的是人的发展。

2.“以人为本”教育理念的核心

第一，肯定人的重要地位和作用。充分肯定人性，信任人的潜能、智慧，向往和追求健康体魄及身心和谐统一。

第二，肯定学生在体育教学中的主体地位与作用，对学生的人格、权利给予尊重，加以维护。

第三，客观尊重个体之间的差异性。具体到体育教学中，应充分了解和尊重学生之间的差异，因材施教，重视学生的个性发展。

第四，鼓励学生主观能动性的充分发挥，所有学生都能积极主动地学习体育知识和技能。

第五，保证所有学生都可以学有所得、学有所成、学以致用。

3.“以人为本”教育理念的教学要求

“以人为本”教育理念的教学要求具体如下：

第一，“以人为本”教育理念要求所有的教育都应该贯彻以人为本的原则，这是现代教育发展的基本要求。教育实际上也是人的自我实现、自我理解以及自我确认的过程。

第二，“以人为本”教育理念要求在教育过程中将人的自由、幸福、和谐全面发展以及终极价值实现重视起来。体育教学应该对学生的个性发展给予一定程度的重视，使学生在体育训练中张扬个性，自由展现自我。体育教学在带给学生身心愉悦与快乐的同时，也应使学生的人性通过体育的方式得到最自然的流露，使学生在体育学习中自由宣泄和释放自己的情感。通过体育教学应促进学生的身体、心理、个性、品质的健康发展，使学生成为更完善、更优秀的个体。

第三，“以人为本”教育理念要求体育教育突破机器的教育模式，真正转变为人的教育。作为教育的对象，学生首先是一个“人”，其拥有人权和自我价值，这是教育的起点。现代体育教学应重视以社会需求为基础，加强对全面发展的新型人才的培养。在整个体育教学活动过程中，要充分尊重和重视学生的人性、人权以及价值。

第四，“以人为本”教育理念要求体育教育应体现人文关怀。人作为体育教育的对象，是有理性、有情感的，思考的方向由情感决定，而思考的结果是由理性决定的。体育教育中只有先以情感人，才能以理服人。无论采取何种先进的教育方法和手段，都要注重面对面教育；不管采用多么发达的现代传媒手段，人和人之间面对面的融合和交流都是不可替代的；人文关怀的巨大作用始终不容忽视。因此，体育教育教学要有人情味，要时时刻刻以“人”为中心，以学生为中心。

（二）“以人为本”教育理念在我国高校体育教育中的实际应用

21 世纪，将“以人为本”的基本发展理念融入体育教育是人类社会协调和可持续发展的基本要求和重要内容。新时期，“以人为本”是我国高校体育教育的主导思想。

当前，“以人为本”教育理念在我国高校体育教育中的科学应用具体体现在以下几个方面：

1. 体育教学目标的进一步明确

“以人为本”教育理念强调体育教学中社会本位目标与学生本位目标的统一。

首先，社会本位要求将体育教学的价值主体确定为社会，旨在满足社会发展的需要。其次，学生本位要求在体育教学中以学生为价值主体，对学生个体的需要加以把握，以学生的兴趣、需要为出发点组织教学，使学生获得自由的、全面的发展。

“以人为本”教育理念要求有机统一社会本位目标与学生本位目标。具体来说，在体育教学中，不仅要注重社会价值目标，还要强调对学生学习动机和兴趣的培养，促进学生良好体育态度和习惯的形成，不仅要将学生学习期间应达成的短期目标重视起来，还应对终身锻炼的长远目标予以考虑。只有充分结合这两个本位目标，才能真正实现体育教学目标，才能实现学生发展的长远功效与近期功效的有机结合，才能促进学生和社会的协调、可持续发展。

2. 体育课程内容的进一步丰富

在“以人为本”教育理念的指导下，现代体育教学内容越来越重视学生体育学习与参与兴趣的提高、越来越重视与学生日常生活的密切联系、越来越关注学生多元化的体育发展需求。在体育教学实践中，体育课程教学内容的选择日益丰富，教师在对传统体育教学大纲所规定的技能方面的教材教授的同时，更要注重将对学生体育兴趣进行全面的培养、对学生的人格发展有积极影响的教学内容的引入。

具体来说，当前教学内容的不断丰富和完善表现出以下教学内容的增多：具有娱乐性和趣味性的体育教学内容；具有创新性，有利于培养学生创新精神的教学内容；与社会和生活联系密切的，可以对学生终身体育能力进行培养的体育教学内容；更方便普及的健身性的体育教学内容。

3. 体育教学形式的进一步多样化

“以人为本”强调体育教育教学的以学生为本，由于学生之间存在着客观差异，要做到以学生为本，关注和促进每个学生的成长与发展，就要采取多样化的体育教学形式来满足不同学生的体育参与和学习需求，使每一个学生都能从情感上、行动上乐于进行体育学习。为了实现和达到这一教学目的和效果，就需要教师在体育教学中采取灵活多样的教学形式（如群体训练、小组合作、个人自觉练习等）来组织教学，使体育教学形式更加灵活、体育教学过程更加有趣，使学生不会将体育学习看作很难的一件事情。同时，学生还能在体育参与过程中充分展示自我，充分激发体育学习与参与的积极性与主动性，并切实促进学生的进步与提高。

4. 师生关系的进一步和谐化

“以人为本”强调学生在体育教学中的主体地位，体育教学的基本立足点是关爱学生生命，教师应尊重学生、关爱学生，在体育教学过程中，注重良好师生关系的建立，这有助于体育教学过程的顺利进行。

首先，教师应尊重学生的人格和权益。对学生的独立性、个体性应予以尊重。其次，教师应正视学生之间的差异性，在体育教学中要关注所有学生的体育学习，不能对学生失去信心而放任不管。最后，教师应善于鼓励学生。教育鼓励是师生关系的润滑剂，鼓励可对民主、和谐的教学氛围进行营造，可促进融洽的师生关系的形成。在体育课堂教学中，教师要善于采用鼓励性的话语来激励学生、安抚学生。使学生在轻松自由的环境里和氛围中，能够积极与教师、同学沟通与交流，从而获取更多的体育知识，获得更多的成功体验，并在这种体验中更加积极地配合教师完成学习任务。

5. 体育教学评价的进一步完善

“以人为本”的体育教育理念在体育教学评价方面，要求评价更加关注作为教学对象的学生的发展，而非只关注体育教学任务是否完成。

在现代体育教学评价中，评价应关注作为学生的“人”的发展，不同学生有不同的学习能力，所以一些能力强的学生轻而易举就能够获得高分，而能力相对较弱的学生付出很大的努力可能也难以取得理想成绩。因此，体育教学评价应是全方位的，全面评价需遵循“以人为本”原则，要将学生的全面发展充分重视起来，力求通过全面评价充分了解学生对体育学科的态度、参与体育锻炼的情况以及对体育技能的掌握和运用情况，教学评价内容应涉及学生的平时表现、素质达标、技术技能运用等多个方面。针对不同的学生，教师要采用不同的评价方法，激励每个学生，使他们有所进步与成长。

三、“终身体育”理念

（一）“终身体育”教育理念概述

1.“终身体育”教育理念的内涵

终身体育，具体是指在人的一生中都要进行身体锻炼和接受体育教育与指导。终身体育强调在个体生命整个过程中不同时期的体育，即体育健身贯穿于生命的全过程。

“终身教育”理念是社会发展到一定阶段的产物和现象。社会发展到今天，知识更新换代越来越快，从而要求人们对知识的学习要不断跟进。在这种社会条件下，相应地会产生终身教学的理念。人们必须充分认识到，虽然“终身教育”理念的形成和社会发展有关，但却是多因素共同作用的结果。具体分析，终身教育形成有外部社会客观因素的作用，当然也有教育内部的一些主观因素的影响。外部因素提出了终身教育的要求，内部因素为终身教育形成提供了理论和基础，二者结合，最终才能形成现在“终身教育”的理念。

“终身体育”是终身教育的重要组成部分，包含两方面的内容。首先，个体在正确认识与理解终身体育锻炼后产生内在需求，形成强烈的锻炼意识，该意识会激发个体自觉进行体育锻炼的动机，从而使其形成终身体育思想，只有先树立一定的意识，才会形成内在动机，并慢慢养成良好的体育运动习惯；其次，人的生命过程会经历不同的阶段和时期，不管在哪个时期，都应该坚持进行身体锻炼，养成终身体育锻炼的良好习惯，养成健康的体育习惯是终身体育健康发展的根本源泉。

2.“终身体育”教育理念的特征

（1）体育锻炼时间的终身性

“终身体育”是一种先进的教育理念，关注个体整个人生的生长发育、健康成长、养生保健，强调体育参与可使人受益终身，应终身参与。

（2）“终身体育”锻炼群体的全民性

在学生从学校毕业进入社会之后，体育教育依然应该得到重视。体育教育贯穿人的一生，终身体育锻炼具有全民性。体育教育是一个系统工程，现代社会，生存发展是时代的主流，要生存就必须会学习、运动锻炼和保健。人们要想更好地生活，就要把体育与生活紧密联系在一起，积极参与体育锻炼并促进身心健康发展。因此，关于“终身体育”，社会成员都应该重视和积极参与其中，故“终身体育”覆盖社会各个群体，这是指接受终身体育的所有人，在范围上包括学校体育、家庭体育、社会体育等。

（3）“终身体育”锻炼目的的实效性

“终身体育”强调通过体育参与促进个体的终身健康、全面发展，因此，终身体育的锻炼内容、方式、方法等必须与个体的生活、学习、工作等密切结合起来。

“终身体育”以适应个人发展和社会发展为根本着眼点。人们为了改善自己的生活质量，根据自身条件合理选择适合自己的体育方式，做到有的放矢，具有较强的针对性和实效性，有助于促进运动者自身的全面发展和终身发展。

3.“终身体育”与学校体育的关系

（1）终身体育与学校体育的相同点

共同的体育目标——育人。健康的身体是工作、学习、生活的基本保障，是人们参与现代化建设的前提条件。终身体育有机融合了身体锻炼、工作及生活，提倡终身坚持体育锻炼。学校体育主要是对德、智、体全面发展的人才进行培养，促进学生身体素质、心理素质及智力和社会适应能力的全面发展。

共同的体育手段——身体锻炼。终身体育强调个体应养成终身参与体育锻炼的习惯，在人生的每一个阶段都积极参与体育健身锻炼。体育教学以学生的身体练习为主要教学手段，旨在通过学生的各种体育活动参与促进学生的体能、技能、心理、智能的发展。

共同的体育任务——掌握知识和技术，提高运动能力。掌握体育知识与技术是个体参与体育锻炼的重要基础，也是学校体育的重要教学目标与任务。学校体育教学是终身体育教育的一个重要阶段，离开这个阶段的体育教育，终身体育就不可能实现发展，学校体育教育应与终身体育教育充分结合起来。

（2）终身体育与学校体育的区别

体育参与时限不同——终身体育贯穿人的一生，学校体育只负责学生在校期间的体育教育。

体育教育对象不同——终身体育以全社会所有成员为教育对象，学校体育以在校学生为教育对象。

终身体育的建立和形成与学校体育教学的发展有着极为密切的关系。终身体育作用于个人，由相互联系、相互影响的学校体育、社区体育、家庭体育构成，并要求学校、家庭、社区均应开展体育活动，为个体提供参加体育活动的机会。终身体育贯穿于人的一生，对社会而言，终身体育是全体国民的体育，终身体育与学校体育二者的统一是终身体育追求的最高目标。

（二）"终身体育"教育理念在我国高校体育教育中的实际应用

"终身体育"教育理念的形成能有效促进我国体育教学的发展。树立终身体育教育教学理念是我国高校体育教学目标改革的指导思想，也是我国高校体育教学发展的落脚点。终身体育能否实现，在很大程度上取决于这种观念是否树立和能力是否形成。

1. 学生"终身体育"思想的培养

人们参与运动并坚持长期从事体育锻炼，应对"终身体育"教育理念有一个正确的认识，在此基础上，才能建立和培养"终身体育"教育理念。

就当前整个社会发展背景来讲，现代社会生活节奏越来越快、竞争越来越激烈，每个人都面临着来自各方面的压力。而人的健康生存与发展是以健康的身体为基础和前提的，如果身体状况不理想，很难应对学习、生活和工作中的问题，即便可以勉强应对，也不会过上高质量的生活。

终身体育锻炼可以增强个体适应、抗击压力的能力。只有充分认识这一点，个体才会主动去参与体育锻炼，这种科学的体育认知与体育情感共同决定着体育行为。

在体育教学中，对于学生来说，要想树立终身体育的观念，教师要正确引导学生科学认识和理解体育的价值，端正学习体育的态度，积极学会体育锻炼的技能，掌握体育锻炼效果评价的方法，形成终身体育能力，为终身体育锻炼奠定基础。

2.“终身体育”教学内容的设置

在高校体育教学中，不能只追求学生某一特定的运动技能和运动的熟练程度，而是要重视学生学会能自我分析自身的身体锻炼和综合的运动实践能力，加强对学生终身体育意识与运动能力的培养，并以此为核心来对体育课程进行多功能和综合性的开发。

具体来说，就是要求学校体育课堂教育的延伸与拓展，使学校体育向终身体育延伸。一方面，在设置体育课程目标时，要客观评估学生体能、身体素质及其对体育知识和技能的掌握情况。在实施目标教学前，教师应充分了解与分析学生的现状，以体育课程终身体育教学目标为导向组织体育教学。另一方面，在选用体育课程内容时，应重视对休闲体育项目、时尚体育项目的引进，开展能够激发学生体育兴趣和潜能、调动学生体育积极性和创造性的新兴项目，如健美操、瑜伽、体育舞蹈、网球、跆拳道等，使学生在轻松愉悦的氛围中掌握体育技能，切实提高学生的实际运动能力。

3.“终身体育”教学方法的运用

在现代体育教学中，贯彻落实“终身体育”的关键在于学生体育学习兴趣的持续培养与提高。在体育教学中，教师应采取科学有效的、富有创新的教学方法展开教学工作。在教学过程中注重采用多元化的教法，争取每节课都取得良好的成效，能够以不同学龄段学生的情况为依据，有针对性地选择相应的教学方法，以不断活跃课堂气氛，使学生在欢乐气氛中形成体育兴趣，同时，有效避免教学中的一些因素对学生的阻碍，使学生在体育锻炼中感受快乐，树立自信，增强体育意识，全面提高学生的认知能力、技能水平，使学生获得良好的情感体验，进而主动参与体育锻炼。

4.学生需求与社会需求的统一

“终身体育”教育理念是体育教育教学的一个重要指导思想，对于充分发挥体育的教育作用，促进学生的身心健康发展、社会适应能力的提高，满足当代社会对人才发展的需求具有重要作用。社会劳动力由不同年龄段的人构成，只有使身体保持在最佳状态，才能更好地适应现代社会发展的需要，所以应在不同的人生阶段选择不同的锻炼方式和内容。无论是何年龄段、何种职业，都面临着对它的选择，以保证自己有更加充沛的精力，身体更加健康，以便更好地适应现代社会的发展以及满足未来生活的需要，而这种伴随人生一起发展的体育，就是终身体育。

学校是培养社会所需人才的重要场所，而无论何种人才，都应该拥有一个健康的身体，因此，高校体育教育应该重视把国家需要、社会需要与学生个体需要有机结合起来，把追求体育本身的健身价值与人文价值有机结合起来，把传授体育知识技能与终身体育教育有机结合起来，全面提高大学生的体育素养，促进大学生终身体育能力的提高，以符合社会发展对人才体质、体能的要求。

在这里需要特别指出的一点是，学生的终身体育发展为社会对人才的需求奠定了基本人才素质基础，但学校体育教育是多方面的，不能单纯为社会需求发展服务，还应充分考虑“以人为本”“健康第一”的理念。此外，“终身体育”教育建立在“学会认知、学会做事、学会共同生活、学会生存”四个支柱之上，需要学会整体参与，要加强社会各种教育部门之间的紧密联系，才能保证终身体育的真正贯彻和落实。

第四节　高校体育教学内容体系的构建

一、体育教学内容及体系的概述

（一）体育教学内容定义阐述

体育教学的内容具体包含广义和狭义两个方面。一是广义的体育教学内容，主要包含三个方面：首先是教养，侧重点在于学生的知识传授；其次是教育，侧重点在于学生的德育方面，也就是学生个人道德的培养；最后是发展，侧重点在于学生自我价值的实现。二是狭义的体育教学内容，也就是教师在对课程进行选择的时候应该根据学生的特点，也就是说，在大的教学环境背景下，根据学生专业发展的需求和现状，以体育教材为依托，选择和传授体育课程。

（二）体育教学体系概述

纵观体育教学体系，主要包含四个部分：一是教师，二是学生，三是教学内容，四是教学环境。在以上这四部分中，具有稳定性较强的是学生、教师、教学环境。相对来说，教学内容呈现出不稳定性和相对灵活性的特点。所谓的教学内容，主要指的是在以学生自身的能力和水平为依据，立足于学生的需要和教学环境，对课堂内容和教学手段的选择。如果从教学目标这个角度来说，教学目标的制定需要根据学生的需求，保证学生的未来发展，符合教学目的，这些都可以成为教师的教学手段和教学条件。高校学生在校期间一项重要的活动就是体育教学，体育教学一是可以增强学生的体质，陶冶情操；二是可以磨炼学生的意志，舒缓学生内在的压力。在当前社会，学生面临巨大的学业压力、社会压力，在这样的压力下，进行体育教学可以帮助学生增强学生的心理和生理承压能力，以此来促进学生的健康成长，实现全面发展。由此可见，在对教学目标进行制定、对课堂主题进行选择方面，体育教师应该投入更多的精力和时间。

二、高校体育教学内容结构的优化措施

（一）体育教学内容结构主观目的性的改进

应该将更多的主观目的性融入体育教学内容体系中，体育教学内容的建立只有在主观目的与客观需求相吻合的情况下才能保持结构的稳定，因此，我们应该从两个方面教学内容结构的目的性进行理解和研究。

首先，立足于学生的不同学习阶段。不同的学习阶段对教学的内容有不一样的需求，因此，在不同的阶段有不同的体育教学内容结构，在对教学内容结构进行确定的时候，应该对各个阶段的需求进行综合的考量，实现最优选择。

其次，建立的体育教学内容的结构不能违背学生最为基本的认知和接受规律，所建立的体育教学内容的结构，也应该致力于帮助学生形成科学的、合理的能力

结构、认知结构、体育方法结构，以及体育技术技能结构。具体来说，在体育教学的起步阶段，这个阶段的主要教学目标应该着重于提高学生的学习兴趣，让学生更加自信，学习基本的锻炼知识和具备相关的能力。因此，在这个阶段，主要的学习方法是通过活动性的游戏来完成教学和学习活动。学生在了解基本的课程知识之后，具备了一定的基础知识，也具有了一定的学习兴趣，在此基础上应该实现教学内容结构的变化和发展，这个也就是上文提到的将主观目的与学生的客观需求相吻合。

（二）体育教学内容结构关联性的改进

大家都知道，体育知识和运动技巧是非常丰富和多样的。因此，体育教学内容结构的关联性主要表现在：学生通过在课程中所学的知识，不断拓宽自身的知识面，完善自身的知识体系，为今后的发展打下坚实的基础，具体包含具备良好的运动能力，打下扎实的技能基础，建立和完善良好的能力结构等。体育教学内容结构关联性分为两个层面：首先，关联性具有横向广泛性，它涉及卫生、营养、保健、运动原理、竞赛规则等基础知识，同时也包含各种运动技术技能和运动的练习方法，这些可以促进身体的健康发展，对于学生形成良好体育态度、树立体育观念具有很重要的意义和作用；其次，关联性具有纵向的复合性，以教学规律为依托，实现对学习内容的逐步加深，即纵向发展。其对于高校体育教学的目标来说是多元的，根据这一要求，这两个层次就需要进行整合，要充分发挥体育课程的内容结构关联性，给学生创造更大的发展空间和力量。

（三）体育教学内容结构包容性的改进

大学体育课程的内容结构应具有包容性，包容性的内涵是指体育课程内容在结构上的相互渗透和融合，实现整个教学内容系统互相连接，形成完整的网络知识结构，达到 1+1>2 的作用。这种纵向和横向相互渗透的教学内容结构，要求体育教学的内容具有一定的包容性。体育课程的内容结构具有很强的包容性，这就给体育课程的内容选择提供了更多的空间，同时也使体育的知识和技能具有很强的综合性。

（四）体育教学内容结构实践性的改进

实践是体育教学的核心内容，体育本质属性决定了体育教学的实践性。让学生进行体育基础理论知识的学习，旨在使学生对体育课程有一个全面的认识，并能为其体育实践活动提供指导。因此，在选择体育课程内容的时候，应充分考虑它对于实现和完成教学目的的重要限度，并与其他课程相互补充，相辅相成，助力学生的成长。建立在体育教学内容结构实践性的基础上，体育教学内容结构具备综合的结构优势，实现了个别优势和多种内容的有机结合。

三、高校体育教学内容体系的优化与完善

（一）转变对传统体育的认识

要转变对传统体育的认识，就应该先让学生树立“生命在于运动”的思想观念。该思想观念不仅突出了体育的重要意义，而且体现了体育对人的生命和健康的作用，它是人体健康和体育活动之间的纽带，能激发人们通过体育活动来改善生活，追求更加健康的生活方式，并能实现体育和素质教育的结合，促进学生的全面发展。只有培养学生良好的运动习惯，让学生对基本的运动技能进行掌握，才能实现“健康为首，素质第一”的素质教育，从而通过体育运动来推动学校的教育体制改革。体育教学的目的、教学功能、教学手段等都要重新定位，只有这样才能构建符合时代要求的体育教学体系。

改革开放以来，经过数十年的体育改革与发展，人们可以清晰地看到，在今天多种教育理念的融合下，体育为我国的教育事业注入了新的活力，带来了新的生机。但是，体育并不是单纯在学校里进行，而是要让学生在日常生活中养成良好的运动习惯，让体育运动成为终身的运动，践行终身体育的理念。只有如此，体育教育的改革目标才能真正得以实现，让体育教育真正为社会服务。

（二）体育教学内容体系的优化与创新

1. 体育内容体系的优化

要优化体育课程的教学内容，就必须从结构上着手，既要从形式结构上进行，又要从实质结构上进行。在形式结构上，主要面向的对象是教材等辅助教学内容。

优化形式结构，可以让学生体育课程的认识发生根本性的转变，更好地学习体育动作，实现对体育教学的深度理解和对自身发展的展望。在形式结构上实现优化，主要是在理论上实现了对课程体系内容的丰富和完善。

从实质结构优化上说，它包含了两个层面。首先，它是教师在教学过程中对课程内容的认识和思考，会在教学过程中形成一个整体框架，通过这个框架来反映教学人员的主观愿望。在这个过程中，教师自身的思想和行为构成了所展示的知识和内容。其次，实质结构优化主要指的是教学过程中教师对课程的主体、课程内容的编排以及顺序安排的方式和方法。在这个过程中，教师对课堂授课内容的安排是建立在自身的理解之上的，通过一定的教学安排，让学生在整个课程学习中收获自己想要的知识。从实践和研究中不难看出，要优化体育教学内容体系，既要把体育课程与课程内容有机地统一起来，又要注意课程的实质结构优化，把实质结构和形式结构有机地统一，从而达到教育教学的目的。通过对实体结构和形式结构的优化，可以推动体育内容体系的结构优化与变革，使其从根本上进行体育教学内容的调整和完善。

2. 体育内容体系的创新

随着社会的不断发展以及教育的改革，社会对教育的要求是多样化、现代化、综合化、信息化的。其中最关键的一点，就是将运动与教育的融合。在全面推行素质教育的今天，体育在教育中的作用日益突出。在大学生的综合素质中，身体素质、科学文化素质、道德素质三者之间是相辅相成的，其中身体素质是科学文化素质以及道德素质的基础。

第一，身体素质是基础。要全面提高大学生的综合素质，就应该从根本上加强体育锻炼，保证他们在良好的体质状态下，追求更高的精神境界。体育教学应充分调动学生的体育意识和积极性，以达到锻炼意志、促进公平竞赛、培养学生积极进取精神的目的。同时，教师和学生在体育活动中也能实现相互的尊重，从而培养出更加自信的精神面貌和自强的心理状态。在体育教学中，要注重对学生的身心健康进行指导，使其形成一种较为稳定的运动规律和运动方式，从而形成一种健康、科学的生活方式。

第二，在满足当前经济、社会需要的前提下，对学生的专业基础、个人综合素质、知识面等方面提出了更高的要求。这种目标的实现是不能通过单一的教学模式来实现的，还需要进行必要的角色转换，也就是让学生由受教育者转变为自我教育者，而教师也从一种单向的课程传授转变为注重学生的人格和能力的培养。这个过程需要学生更多地关注自我价值的实现。为此，应增设网球、羽毛球等终身体育项目的教学内容。通过开设以上这些课程的教学，使学生不但可以提高体育素质，同时，还可以为以后的身体健康打下基础，为养成终生健身的习惯奠定坚实的基础。

第三，体育活动可以按照人们在各个阶段的需要和发展来进行。一般来说，大学之前是学生的求学期，体育教学的重点是培养学生的体质，提高身体素质，而从大学开始，则是从学习期到创造期的过渡。在校大学生的体育学习重点在于培养基本的能力与技能，注重全面发展，提高自身的综合素质，强调培养学生的创新精神和创造能力。因此，在体育教学中，应特别注意体育方法的教学，注重创新，让学生树立终身体育习惯，养成终身体育的能力。

总而言之，只有遵循学生的心理发展规律和生理发展规律，对教学内容进行优化，促进内容的多样化，才能实现不同年龄阶段的学生的不同需求，实现大、中、小学的内容衔接。

3. 体育教学内容体系的完善

首先，要使体育教学的内容系统更加健全，就要强调教学内容的实用性。在安排和设计教学计划的时候，应该考虑不同学生的差异性，应根据实际情况，进行不同的体育活动，选择不同的体育项目。不仅如此，还要尽量选择实用的体育项目，让学生在课后的体育活动中把学到的知识运用到日常的体育活动中去，从而达到学以致用的目的。这样可以调动学生的体育热情，让他们对终身体育产生浓厚的兴趣。

其次，由于体育是终身的，因此，在体育教育中，培养学生的终身体育意识是一项重要的工作。在体育教学中，应结合学生的不同阶段、不同的具体条件，督促学生进行相应的体育锻炼，使他们形成良好的锻炼习惯，在未来的生活中养成良好的习惯，从而实现对学生的全面素质提高的教育目标。

最后，优化和完善高校体育教育系统，可以从以下几个方面入手：其一，在体育教学中增加基本的教学内容，夯实学生的身体素质和技术素质，实现学生的全面发展；其二，将游泳、羽毛球等运动项目融入运动教学中，既可以增强学生的身体素质，又可以让他们有更多的机会与社会接轨，提高他们的技能水平；其三，要根据学校的实际情况尤其是硬件条件来安排体育教学。学生是体育课程的最大受益者，因此，教师要根据学生的兴趣爱好来选择相应的教学内容。当然，在重视学生身体素质发展的同时，也应注意其心理发展，使其具备勇于面对挫折的勇气。

随着我国经济的发展以及教育水平的不断提高，出现了很多新的体育活动和项目。针对不同类型的学生，教师应掌握和寻求共性特征，根据其自身特点进行针对性的教学。随着时代的发展，体育教师的素质要求也越来越高。因此，体育教师需要将更多的精力和实践放在优化和研究教学内容上。只有这样，才能调动学生的积极性，让学生对体育运动有更加深入的了解，实现学以致用，养成终身体育的习惯。只有把体育知识运用到实践中去，才能使体育教育真正发挥其应有的功能，这也是体育课程改革和完善的终极目的。

第三章　高校健美操的教学与训练

随着生活水平的日益提高，人们对健美的形体和健康的体质有了一定的追求。本章的主要内容为高校健美操概述，共分为三节，分别介绍了健美操运动概述、高校健美操教学概述、高校健美操运动训练的基本理论。

第一节　健美操运动

在新时代下，呵护身体健康并不是单一的，多方面、全方位的呵护是人类健康的重要保障。良好的生活环境、积极乐观的心态和强健的体魄既是时代的需要，也是现代社会人类生存的基础。积极参加健美操锻炼是现代人生活中不可缺少的内容，能增强体质，对身体各个器官和各项指标有积极影响。

一、健美操运动的起源与发展

（一）国际健美操运动的起源与发展

1. 国际健美操运动的起源

国际健美操有着悠久的历史。随着人类体育锻炼的不断发展，并经过与文化的不断融合，国际健美操逐渐产生并发展起来。国际健美操的起源可以追溯到古希腊时期。早在古希腊时期，人们就十分崇尚人体美，认为人体美是世界上最和谐和完美的。古希腊人认为，体育能够锻炼人的形体，音乐能够陶冶人的情操。此外，在亚洲，古印度有一种瑜伽术十分流行，这种瑜伽术强调身体、呼吸、意念的结合，通过三者的结合，发挥意识的作用，进行自我调节。这种瑜伽术中有站、坐、跪、卧等基本姿势，这些基本姿势与现代健美操使用的姿势是一致的。

在欧洲，国际健美操主要是伴随着体操的发展而产生的。早在1569年就出版了有关艺术体操的学术著作，对体操动作进行了详细的介绍。到18世纪，欧洲又出现了专门培训体育的课程，哑铃、吊环等运动也在这一时期诞生。为了对体操进行广泛的推广，维特采用了游戏和娱乐的形式，这也使体操的趣味性大大增强。19世纪，体操在多方面都获得了进一步发展。例如，为体操动作配上一定的音乐，实现了体操与音乐的结合。此外，不同的学者对体操进行了不同的分类，如按照参与者的年龄和性别进行分类，又或是按照体操的功能进行分类。其中，佩尔亨里克林将体操的功能分为教育、军事、医疗、美学4类。19世纪，欧洲在体操方面的发展，为现代健美操的发展奠定了坚实的理论基础。

上述为国际健美操在世界范围内的起源和发展，随着不断地演变，国际健美操不断融合并最终统一，发展成为现代健美操。

2. 国际健美操运动的发展

真正的现代健美操产生的时间是20世纪60年代末，发源地是美国。当时，美国太空总署为了对“太空人”进行体能训练，由库帕博士设计了专门的训练项目。他根据太空中宇航员所处的特殊环境及其对宇航员身体的特殊要求，设计了一系列动作，并在其中加入音乐和专门的服装。这种运动最初被称为阿洛别克。由于在身体机能锻炼方面具有显著效果，这项运动在当时引起了广泛的社会反响，并逐渐从美国发展到世界范围。1969年，杰姬·索伦森将阿洛别克的有氧操特点与当时流行的美国黑人舞蹈和非洲民间舞蹈相结合，创造出一种健身舞，这种健身舞节奏强烈，动作幅度较大，具有一定的娱乐性。由于该舞蹈具备娱乐的特点和新颖的形式，因此受到了广泛的欢迎。这一舞蹈形式也对现代健美操的产生具有深远影响。随着健身舞的流行，人们开始关注既能进行体育锻炼，又能够从中获得娱乐的健身形式，也就是健美操。在当时的美国，健身舞有大量的锻炼者，在人数上甚至可以与网球运动相媲美。美国的《新闻周刊》也对这种健身舞的热潮进行了报道。

健美操不仅在美国十分流行，也对世界健美操的发展产生了重要影响。简·方达对现代健美操的发展有着重要影响。简·方达既是演员，也是健美操专家，她通过亲身的健美操锻炼实践，保持着完美的形体和气质。简·方达撰写的关于健美操锻炼的图书，一经出版就保持畅销状态，并且还被翻译成 20 多种文字，在 30 多个国家销售。她对健美操的创编结合了营养学、人体美学等，具有一定的科学性，同时也具有一定的趣味性。简·方达提出的关于健美操的观点，不仅新颖，而且具有一定的说服力。例如，她倡导在进行健美操锻炼时配上各种风格的音乐。她认为健美操是一项科学的、健康的减肥方式。在她自己的减肥过程中，曾使用过各种减肥方法，结果都失败了，这些失败的减肥方法不仅导致其身体严重虚弱，甚至还使其患上了慢性疾病。而在进行健美操锻炼后，简·方达的减肥取得了良好的效果。她用这种亲身经历，使健美操运动得到了有力的推广，她也依靠自己对健美操运动发展的重要贡献和极大的影响力，成为现代健美操运动的重要开拓者。

美国健美操运动的发展，无论是在健身健美操，还是在竞技健美操方面，都处于领先地位，并且对世界健美操的发展产生着重要影响。在美国，建设有大量的各种类型的健身俱乐部，这就极大地满足了人们对于健美操锻炼的场所需求。此外，美国健美操运动的锻炼者数量也十分庞大，在各种场所都能够看到人们在进行各种类型的健美操运动锻炼。

法国也有大量的健美操运动锻炼者，人数甚至比法国体操联合会的会员人数还要多。仅在巴黎这一座城市，就建有上千个健美操中心。法国的健美操锻炼者还会花费一定的金钱，报名参加健美操中心的活动。法国的健美操锻炼还会出现在电视上。法国在专门的时间设有专门的健美操节目，在节目中，领操员作出动作的示范，引导数百万电视机前的观众进行健美操的锻炼。趣味性健美操极大地推动着健美操运动的发展。过去的体育锻炼是枯燥的，而健美操则使体育锻炼充满趣味。

在德国，健美操的发展也十分强调健身性与娱乐性的结合，并提出了用健美操开展体育锻炼的推广号召。人们为了追求健康，会花费大量金钱，这一点也反映在健美操上。人们为了追求形体美，也愿意进行健美操的消费。

在意大利、英国等国家中，健美操运动也得到了广泛的发展，各种人群都在参与健美操运动。在英国，还成立了专门的健美操协会。

健美操在苏联的发展则是在20世纪20年代，在当时，健美操虽然得到了一定的倡导，却并未得到大范围普及。而现在，健美操在俄罗斯已经成为群众性最强的体育运动之一，并且被列入各级体育教学的大纲中。在俄罗斯，经常举办全国性的健美操教练员培训课程，并通过电视引导国内广大的健美操爱好者进行健美操锻炼。俄罗斯规模最大的健美操组织是舍宾格协会，其拥有完善的体系，并且每年都会举办大规模的舍宾格健美操赛事。经过舍宾格的锻炼，参赛的选手展现出了“健、力、美”的形体。俄罗斯的舍宾格健身操于1992年传入我国，这种健美操以垫上动作为主，虽然重复动作较多，但见效较快。这种新型健身操的传入，也给我国健身爱好者带来了全新的感觉。舍宾格除了具备现代健美操动作舒展、流畅的特点外，还具有较强的芭蕾特点，这也对专业的舍宾格运动员在柔韧性上提出了极高的要求。为了让舍宾格吸引更多的受众，舍宾格协会每年都会举办大规模的选美赛事。

在波兰、保加利亚等国家中，健美操运动开展的状况大体上与苏联的情况类似。随着现代社会的健身热潮以及娱乐体育在世界范围内的发展，健美操运动也在世界范围内得到了广泛的传播和发展。尤其自20世纪80年代以来，健美操运动凭借其强大的生命力得到了迅猛的发展，并广泛建设起各类健美操俱乐部、培训班等。

健美操运动在亚洲同样有良好的发展。在亚洲，健美操开展较早的国家是日本，距今已有40多年的历史，健美操最早是随着韵律操的发展而形成的。1977年，佐藤正子开设了专门的韵律操学校，进行系统的韵律操教学，同时她还出版了用于自学韵律操的著作。根据她的观点，韵律操强调的是在运动中表现喜悦和动感。因此，她所教授的韵律操强调创造性和自由性，并广泛吸收了爵士舞、非洲民间舞的舞蹈动作，扭动、摆动等动作较多，热情奔放。1982年，在日本举办的“国民体育大会”中进行了老年健身操的表演。1984年，日本举办了首届远东区健美操大赛。1987 年，日本成立健美操协会。

从现代健美操在全球范围的发展来说，健美操的发展是十分令人振奋的。现代健美操运动作为一种新兴的体育项目，将体育与美紧密地结合起来，这一运动项目也将持续受到人们的喜爱。健美操运动在发展过程中，形式和方法也在逐渐发生改变，而参与健美操运动的人也越来越多。现代健美操运动在 20 世纪 80 年代一经出现，就展现出了强大的生命力，并在世界范围内得到广泛的传播，风靡全世界。除了在欧美等发达国家保持着强劲的发展势头外，现代健美操运动在发展中国家和地区也得到了一定程度的发展。越来越多的人选择将健美操作为体育锻炼的主要方式，健美操运动在世界范围内保持着持续的热潮。

现代健美操运动之所以能在世界范围内广泛发展并形成健美操运动的热潮，有多方面的原因。首先，健美操作为一项体育运动，它的兴起与人们对于健康的追求有密切关系。随着社会现代化的不断发展，科学技术的进步推动着信息、电子等产业的迅速发展。现代人在工作中越来越依靠脑力，体力活动越来越少，人们的工作环境得到了明显的改善。同时，随着经济和科技的发展，也使人们的生活水平不断提高。但是，这也给人们的身体健康带来了一些不利影响。现代人逐渐注意到这种不良影响，追求健康的意识不断增强。为了追求健康，人们开始广泛参加各种健身活动，健美操正是这些健身活动中的一种，这就为健美操的广泛发展提供了良好的条件。其次，健美操的广泛发展也与其自身特点有密切关系。健美操运动内容丰富、形式多样、富于变化，通过健美操的各种动作，能够充分展示锻炼者身体的“健、力、美”。健美操对人体美的追求，符合人们的心理需求，既能满足人们的健身需求，也能使锻炼者变得更美。同时，健美操具有较强的节奏性，是一种在音乐配合下进行锻炼的运动，音乐的配合能为锻炼者营造一种轻松、愉快的锻炼氛围，并能促使锻炼者积极地完成锻炼。最后，健美操对场地、器材等要求不高，锻炼形式多样，能够满足不同情况的锻炼者的锻炼需求，这也是健美操运动能够迅速发展的重要原因。

（二）我国健美操运动的起源与发展

1. 我国健美操运动的起源

进行健美操运动最本质的意义和目的就是强身健体。在我国，最早对身体训练进行介绍和记载的著作是《黄帝内经》，距今已有2000多年的历史。

除此之外，我国的考古事业也发现了有关我国古代人进行身体训练的史料。例如，在湖南长沙马王堆汉墓出土的帛卷中就会有在站、蹲、坐等姿势下做屈伸、跳跃等动作的人物。这些人物的动作，与现代健美操运动中的基本动作有较高的相似性。这也是我国关于健美操起源的最早的较为形象的历史资料。

到了东汉时期，医学家华佗发明了一套用于强身健体的动作，即“五禽戏”。[①] 这是华佗参考虎、鸟、鹿、熊、猿5种动物改编而成的5组动作，这也是其被称为“五禽戏”的原因。可以说，“五禽戏”是我国早期具有一定民族特色的、成套的健美操动作。

2. 我国健美操运动的发展

（1）我国健身健美操运动的发展

20世纪30年代，我国就出版了有关健美操的图书《女子健身体操集》。这是一本以女性为对象的健美操锻炼图书，书中介绍了一些来自欧美的健美操套路动作，适合不同年龄段的女性进行锻炼。该书不仅介绍了健美操运动的形式和价值，还配有许多图片。通过这些图片可以发现，当时的健美操动作已经与现代女子健美操动作具有一定的相似性。此书出版后，又推出了针对男性锻炼者的《男子健美操集》，其中有不少关于轻器械健美操运动的介绍。这些图书的出版也表明，在20世纪30年代，现代健美操运动在我国已经得到了一定的发展和传播。

我国健美操运动发展的热潮出现在20世纪80年代初期，当时我国正处于改革开放的新时期。健美操运动在我国的热潮首先出现在高校中。这一时期，健美操在我国高校得到了普及，并且有不少教师也参与健美操的普及中，创编健美操

① 姚应祥. 休闲体育在现代社会背景下的发展与实用研究［M］. 北京：中国原子能出版社，2019：146.

动作、发表与健美操有关的文章。这也使“健美操”一词在我国的体育工作者中得到了广泛的接受和应用，与健美操相关的杂志、电视节目等也相继创办和播出。1984 年，北京体育学院针对健美操运动成立了专门的研究组，创编了 6 套健美操动作，这 6 套健美操在全国高校中得到了广泛的传播，极大地促进了健美操运动在我国高校中的普及。

1986 年，北京体育学院又编写出版了我国第一部用于健美操教学的教材，并在学校中以选修课的形式开设了正式的健美操课程。此后，健美操逐渐被各大高校纳入教学课程，成为体育教学的重要内容。这也为健美操在全国范围的普及和传播打下了良好的基础。除了教学之外，有的高校还成立了专门的健美操比赛队，参加各类健美操比赛，这为我国竞技健美操的发展和人才的培养奠定了坚实的基础。在各类报刊和电视节目的宣传下，世界健美操运动在我国得到了广泛的传播和发展，人们对健美操的认识也不断加深，揭开了我国健美操运动发展热潮的序幕。

这一时期在我国的部分城市中，已经建有早期形式的健身俱乐部，并面向社会开放。人们在健身俱乐部中接触到了健美操运动。健美操凭借自身丰富的内容、新颖的形式和明显的效果，对广大群众产生了较大的吸引力。人们很快接受了健美操的锻炼形式，并出现了大量的健美操运动锻炼者。尤其是在北京、上海等大城市中，人们的思想观念也在不断进步，较早地形成了追求健康、追求形体美的意识，并愿意为追求健美支付一定的费用，这也促进了越来越多的健身俱乐部的出现。随着社会的发展和生活水平的提高，越来越多的人开始进行健身锻炼，以使自己的身心获得健康的发展。这极大地促进了健身市场的发展，健美操也成为健身市场中的重要组成部分。此外，在电视媒体上也播出了大量有关健美操锻炼的节目，这也对健美操在社会的广泛传播和发展产生了重要作用。

随着我国健美操运动国际交流的不断深化，人们对健美操的认识也在不断深入，并逐渐接受了国际上关于健美操运动的先进观念。我国健美操的专业组织是中国健美操协会，在推动健美操在我国的普及方面做了许多重要工作，并取得了显著的成果，对促进我国健美操运动的传播和发展具有重要作用。

（2）我国竞技健美操运动的发展

随着健身性健美操在我国的广泛发展，这一运动逐渐被纳入竞技体育中，促进了我国竞技健美操的产生和发展。竞技健美操在动作上比健身健美操难度更大、节奏更快，对动作的完成质量也有更高的要求，并编排了一系列全新的竞技健美操动作。竞技健美操的产生和发展是健美操适应时代发展的必然结果，同时也表现出了强大的活力，极大地推动了现代健美操运动的发展。我国竞技健美操的发展可以分为以下三个时期：

其一是探索期。在竞技健美操的探索期，我国于1986年举办了第一次健美操比赛，该比赛为女子健美操比赛，共有来自8个省市的9支队伍参加。该比赛采取表演赛的形式，通过健美操表演，充分展示了我国健美操运动发展的成果，引起了观众浓厚的兴趣。这次比赛也是对我国竞技健美操比赛思路与形式的探索。1987年，我国第一届正式的全国健美操比赛成功举办。为了这次赛事能顺利举办，举办方还开设了全国健美操教练培训班，为健美操运动的发展培养了一批优秀的人才。该比赛将美国的阿洛别克与我国的健美操相结合，设置了男女单人、双人、混合等多个比赛项目，共有来自全国各省市30多个队的200名运动员参加。该赛事的举办取得了良好的效果，在社会上也产生了一定的影响，对竞技健美操的传播和发展起到了积极作用。在这一阶段，我国竞技健美操的比赛还没有完全成熟，依然存在一些问题，如比赛名称繁多、赛事服装不统一、竞赛规则不完善、参赛选手专业性不强等。这也体现了我国竞技健美操发展的阶段特征。

其二是规范期。在规范期，我国成立了一系列的健美操组织。1992年，我国分别成立了负责组织大学生健美操运动的大学生体育协会健美操艺术体操分会和全国性的中国健美操协会。成立这些组织的目的就是促进健美操运动的交流与研究，实现对健美操事业有计划、有组织的发展。随着我国体育在体制上的改革与发展，在1997年，国家体委将中国健美操协会划归体操运动管理中心管理。经过一段时间的探索和实践，中国健美操协会针对健美操运动的发展和管理，制定了一系列的规章政策，提高了我国健美操运动发展的科学化和正规化程度。这一时期在促进健身健美操的普及和竞技健美操的发展上取得了显著的成果。

其三是与国际接轨期。随着健美操运动在我国国内普及程度的不断提高，我国健美操运动也开始与国际健美操进行交流，并且越来越频繁。我国竞技健美操的首次国际交流活动是在 1987 年，北京体育大学健美操队访问日本。此后，我国还通过举办和参加国际赛事的形式开展竞技健美操的国际交流活动。虽然当时我国的健美操运动水平与世界先进水平相比还存在一定差距，在比赛中的成绩不太理想，但是参加国际健美操赛事，为我国竞技健美操的发展和国际交流创造了一个良好的开端。此外，我国也就健美操教练员、裁判员的培养等开展了各种形式的国际交流活动，如参加国际培训班等。

国际交流的频繁发展，有力地推动了我国竞技健美操水平的提高，同时，也推动了我国竞技健美操的现代化发展，使我国竞技健美操的发展进入了与国际接轨阶段。

（3）我国健美操运动项目管理体系的发展

近年来，我国健美操的管理逐渐朝着体系化的方向不断发展和完善。虽然健美操协会面临着资金、人员等方面的困难，但仍然为我国健美操管理的体系化发展做了许多重要的工作，如开办健美操教练员与裁判员的培训班、举办全国性的健美操比赛、派队参加健美操国际比赛、制定健美操教练员的技术等级制度、制定健美操教练员行业标准、发布大众健美操锻炼标准等。这些工作对健美操运动的发展，尤其是健美操的职业化发展具有重要的意义。

二、健美操运动的概念、类型、特点

（一）健美操的概念

健美操是在音乐伴奏下，以身体练习为基本手段，以有氧运动为基础，达到增进健康、塑造形体和娱乐目的的一项体育运动。

健美操起源于传统的有氧健身运动，是有氧运动的一种。它通常徒手或利用轻器械进行练习，是在氧气供应充足的情况下，用人体有氧系统提供能量的一种运动形式。其运动特征是持续一定时间的、中低强度的全身性运动，主要增强练习者的心肺功能，是有氧耐力素质训练的基础。

（二）健美操的类型

健美操运动与其他众多体育运动一样，由大众健身、娱乐兴起，逐步引入表演和竞赛中。根据健美操运动的发展状况和未来趋势，以不同的目的和任务为主要依据，可以将健美操运动分为三大类，即健身性健美操、竞技性健美操和表演性健美操。

1. 健身性健美操

健身性健美操，通常称为大众健美操，是以公民健身、健美、健心为目的而设计的健美操，旨在锻炼身体、增强体质、促进健康，适合于不同年龄、层次的练习者的学习与锻炼。健身性健美操的动作内容简单有效，重复动作和对称性动作较多，音乐节奏感强，速度为每 10 秒 20～24 拍。练习时间、强度可根据个人情况而及时变化，严格遵循“健康、安全”的原则，防止运动损伤的出现，达到健身的目的。

健身性健美操是有氧运动的一种，具备健身、娱乐等多种功能，是一项具有群众性和普及性特点的健身运动。人们练习健身性健美操，主要是为了获得健康的体魄和优美的形体。因此，在健身性健美操的练习过程中，练习者可以根据自身的实际情况进行及时的调整和变化。健身性健美操的练习要坚持安全和健康的原则，其中安全是健身性健美操练习应遵循的最基本的原则。在练习的过程中，必须注意预防和避免运动损伤。对于练习者来说，只有在保证安全的情况下进行锻炼，才能达到增进健康的目的。健身性健美操的动作较为简单，运动强度不高，练习的时间也较为自由，可以根据个人的具体情况进行安排，同时健身性健美操具有较强的节奏感，种类也较为丰富，因此，不同年龄、性别、职业、身体状况的人，都喜欢选择健身性健美操进行锻炼。现代人对健身的需求越来越大，同时也要求在健身中获得一定的娱乐体验。因此，健身性健美操在发展过程中不断丰富运动形式，出现了各种类型的时尚化的健身操或健身舞。为了满足人们在健身过程中表现和释放自身情感的需求，健美操在发展过程中，融入了大量的舞蹈元素，使锻炼者能够在运动过程中充分展现自身的魅力，释放自己的情感，这种特点也使健美操表演具有较高的观赏性和娱乐价值，并作为体育节目在各项体育赛事期间或某些活动中进行表演。健美操表演的效果与音乐、队形、动作以及配合等因素有密切关系，只有对这些因素提出较高的要求，才能使健美操表演具有较强的表现力，保证健美操表演的质量。从形式上来说，健身性健美操又可以细分为以下几种类型：

（1）徒手健美操（舞）

①有氧健身操

有氧健身操是一项有氧运动，也是健美操最基础和初级的一种形式。具体来说，有氧健身操就是锻炼者在有氧状态下，跟随音乐作出一系列健身操动作的运动。有氧健身操中常用的动作包括步伐的移动、身体的转向、跳跃以及上下肢的动作变化，这些动作经过一定的组合，形成一整套健身操动作。有氧健身操的健身强度适中，在动作上也有不同的难度，适合各种类型的锻炼者。有氧健身操的锻炼能够有效改善锻炼者的身体素质，尤其是在心肺功能的提高和对体重的控制上有较为明显的效果。此外，有氧健身操的锻炼在时间上也较为灵活，不同类型的锻炼者可以根据自身的时间情况，对锻炼的时间进行分配。

②有氧健身舞

有氧健身舞是将有氧健身操与体育舞蹈融合在一起的一种运动项目，在健身操的基础步法上，以舞蹈动作为主。有氧健身舞不仅具有成套的动作，还具有一定的队形变化和动作配合，如托举等。因此，有氧健身舞相对于有氧健身操来说，强度要更大一些。在有氧健身舞中，除了健身操之外，还有音乐、舞蹈等元素，这就使其具有了一定的艺术性、娱乐性和表演性。在有氧健身舞运动中，锻炼者不仅能充分抒发情感、愉悦身心，还能在创造力、表现力和艺术修养等综合能力方面得到提高。

③拉丁操

拉丁操是从欧美拉丁舞中发展而来的健美操运动，使用的音乐通常是拉丁音乐，其动作和步法也具有明显的拉丁舞特点。与健美操的结合，为拉丁操增添了一些手臂的组合动作。在拉丁操中，锻炼者通过扭动身躯，充分展现自己的魅力。

拉丁操对减除锻炼者身上多余的脂肪具有良好的效果，尤其是腰部和腿部的脂肪。拉丁操的内容也十分丰富，如结合桑巴、恰恰、伦巴、曼波等元素的拉丁健美操。

④爵士操

爵士操起源于热情、奔放、原始的非洲爵士舞，在发展过程中融合了大量现代流行舞蹈的元素与技巧，从而改编成为爵士操。送胯、扭腰、身体呈波浪形扭动等动作充分展示了火辣辣的风情。

⑤搏击操

搏击操是健美操与搏击运动相结合的一种形式，最早是由欧洲的搏击选手与职业健身操运动员联合发明的。搏击操吸收了拳击、散打等搏击运动的基本动作，同时与健美操的舞蹈动作相结合，音乐风格也较为强劲，在健美操运动中，有着独特的风格。

⑥形体操

形体健美操是一项综合性的体育运动项目，内容包括体操、音乐、舞蹈、美学等。它以芭蕾的基本动作为基础，并结合了现代舞蹈和各国有代表性的民间舞蹈，配以徒手操、轻器械和垫上练习等动作，从而发展柔韧、协调、灵活、力量、耐力等身体素质，达到塑造优美形体之目的。

（2）轻器械健身操（舞）

轻器械健身操是一种表现形式较为特殊的健美操运动，主要特点为锻炼者在锻炼中需要借助轻器械作出各类健身操动作。所谓的轻器械，指的是能够被健身者较为轻松地控制和使用的、具有健身和表演作用的器械。轻器械健美操（舞）可分为手持轻器械和在器械上练习两种形式。

①手持轻器械健身操（舞）

哑铃操。哑铃操是手持哑铃进行健美操锻炼的一种形式。使用哑铃锻炼可以提高锻炼者上肢关节的灵活性和柔韧性，同时在哑铃的重量下，锻炼者做各类动作还能增强上肢的肌肉控制能力。

健身球操。健身球操是利用健身球不稳定的特性，通过持球和在球上做不同的动作来锻炼人的平衡、力量、柔韧等素质，从而达到收紧肌肉并增强人体曲线美的塑身效果。用健身球锻炼比较安全，不容易出现损伤，是一项适合在健身房和家中练习的运动项目，通过经常练习可以改善人的姿态，缓解肌肉疲劳，减少脂肪，增强力量，改善平衡能力，增强躯体控制能力。

橡皮筋操。橡皮筋的主动拉伸和被动反弹动作均有利于胸部的扩展。橡皮筋操简单易行，可在任何场所进行，是长期伏案读书或工作的青年朋友的有效健身手段。

杠铃操。杠铃操是将健美操与杠铃相结合的一种形式。杠铃健身操所使用的杠铃是特制的，杠铃杆是空心的，杠铃盘使用的是塑料材质。不同类型的锻炼者可以对杠铃的重量进行调节，选择合适重量进行锻炼。在适当的重量下，配合激昂的音乐，锻炼者不仅能锻炼自己的身体，起到减脂、美体、增强耐力等效果，还能在锻炼的过程中磨炼自己的意志。

②在器械上练习的健美操

踏板操。踏板操起源于19世纪中期的欧美国家，是一项时尚、高效的有氧运动，锻炼者在踏板上利用基本步法完成各种动作。踏板操的基本动作包括横板、终板、穿越对角线、板上转体等。踏板的最低规格要求为宽40厘米、长90厘米、高15厘米。踏板操能有效增强心肺功能与协调性，同时也是减肥瘦身、增强下肢力量的一种有效运动项目。

单车。单车是一种较为时尚的健美操形式，受到了广大年轻健身者的喜爱。在很多健身房中，动感单车都是极受欢迎的健身课程之一。动感单车能够根据个人的体能状态，对单车的阻力和转数进行调节。动感单车的锻炼通常在室内进行，除了配有节奏强烈的音乐外，还配合一定的灯光效果。健身房的动感单车课程通常会有领操员对锻炼者的锻炼进行引导。在领操员的口令下，锻炼者模拟上下坡、平地、冲刺等动作，能够大量消耗脂肪、锻炼心肺功能。

垫上操。垫上操是人体在地面以卧姿进行锻炼的一种形式。垫上操的特点是最大限度地减少人体重量对关节的压力，提高了锻炼的安全性。在进行垫上操锻炼时，锻炼者能始终保持一种相对松弛的状态。通过垫上操，锻炼者能够对身体各部位的肌肉群进行针对性的练习，有利于肌肉发力和牵拉。垫上健身操练习对提高柔韧性、力量性有比较显著的作用。

2. 竞技性健美操

竞技性健美操是在有氧健身操的基础上发展而成的一项运动项目，表演者需要在音乐的伴奏下进行动作的展现。竞技性健美操的动作具有高难度、连续性、复杂性等特点。竞技性健美操这一比赛项目展现的是人体的“健、力、美”，在规则上对比赛场地、参赛人数、时间等都有较为严格的规定。竞技性健美操的评分主要是以动作的难度、完成质量以及多样性组合为标准。竞技性健美操要求在动作的设计上体现多样化，避免出现对称性动作和重复动作。

竞技性健美操的形式主要是根据赛事的规模、项目、参赛者年龄进行划分的。

按赛事规模划分，主要可以分为国际赛事和国内赛事两种形式。健美操作为一项世界性的运动，具有不少规模较大的世界级赛事，如健美操世界锦标赛。国内赛事则是在我国国内举行的竞技性健美操相关赛事，如各类健美操冠军赛、锦标赛等。

按项目划分，竞技性健美操可以分为男女单人、混合双人、多人等形式。

按参赛者年龄划分，竞技性健美操可分为少年组和成年组两种比赛形式。

3. 表演性健美操

健美操运动具有一定的表演性和表演价值，因此，除了健身健美操与竞技健美操之外，还发展出了表演性健美操这一特殊的类型。表演性健美操即在健美操中加入表演成分，借助道具、舞蹈动作等，使健美操的形式得到极大的丰富。表演性健美操通常是团体表演，因此，对于表演者来说，不仅自身要具备良好的身体素质和表演能力，还要具有一定的团队合作意识。表演性健美操具有人数不限、时间不限等特点。通过表演性健美操的练习，能够达到“表演”的目的，具体来说，就是通过表演展示健美操的魅力、活力和价值，使观众在观赏中陶冶情操、愉悦身心，提高欣赏能力，同时起到宣传和推广健美操的作用。

表演性健美操对表演的效果较为重视，因此，对音乐效果、动作设计、队形变化、表演者的动作质量及表现力等有较高的要求。相较于其他两大类的健美操来说，表演性健美操的动作比健身性健美操动作的难度大，比竞技性健美操动作的难度小，对动作风格及表现与音乐风格的协调统一更加重视，因此，音乐往往重新制作或进行修改，以达到表演要求。

表演性健美操成套动作的创编侧重艺术性和观赏性，它在给人以艺术享受的同时，也使人们充分感受健康、活力、自信，同时又因其不受人数、时间、服装、规则、形式等条件的限制，较为灵活自由，是一种人们喜爱的、积极向上的并与艺术紧密结合的表演形式。表演性健美操成套动作的时间一般为 2～5 分钟，内容可根据需要和表演者的特点选择，最常用的有传统健美操、有氧拉丁操、有氧搏击操、健身街舞、踏板操、健身球操等形式。

相较于健身性健美操来说，表演性健美操的动作更加复杂，音乐速度可以根据内容进行有针对性的选择。一般来说，表演性健身操成套动作较少重复，队形变化迅速而清晰，集体配合动作新颖独特，可以达到烘托气氛、感染观众、增加表演效果的目的，这对于最佳表演效果的取得也是非常有帮助的。除此之外，为了使良好的表演效果得到有效的保证，可在成套动作中加入更多的队形变化和集体配合的动作。表演者还可以利用轻器械，如花环、旗子等，也可以采用一些风格化的舞蹈动作，如爵士舞、拉丁舞等。在表演性健美操中，以上的元素都需要通过表演者的身体语言、表情及眼神表现出来，所以表演性健美操更强调表演者的表现力。表现力是表演者将编者思想、刚柔相间的肢体语言、音乐的情绪和节奏及同伴之间的默契相融合的一种综合运用能力，这种综合表现力可达到烘托气氛、感染观众、增加表演效果的目的。

（三）健美操运动的特点

1. 健身美体的实效性

健美操动作及套路设计是根据练习者不同的需求，以人体解剖学、运动生理学、运动心理学、体育美学、运动训练学、体育社会学等多学科的理论为依据，为使练习者保持健康、健美发展而创编的。健美操的动作既丰富多样，又具有针对性，通过锻炼能有效地训练身体各部位的姿态，使练习者的形体更匀称，有利于培养健美的体态和风度，塑造健美的体型。健美操是一项有氧运动，通过练习，练习者的呼吸系统、心血管系统及神经系统都能得到良好的锻炼与改善。健美操在音乐伴奏下完成动作，练习者能够随乐起舞、愉悦身心、消除疲劳、陶冶情操。总之，健美操运动具有健身、健美、健心的实效性。

2. 广泛的适应性

健美操练习形式多样、内容丰富，适合不同年龄、不同性别、不同阶层、不同行业、不同体质的人群，参加的人数可多可少，时间可长可短，运动量可大可小，易于控制，可以在广场、大厅、娱乐场所、健身房或者家庭的居室中进行。因此，具有广泛的适应性。

3. 鲜明的节奏感和韵律感

节奏是动力在时间和空间上得到合理分配以及客观现象的延续性、顺序性和规律性的反映。健美操的所有动作均在一定的节奏下进行，而且是通过音乐来实现动作的节奏。健美操是在一定的音乐节奏下作出各种动作的，这就使健美操具备了节奏性的特点。对于广大健美操锻炼者来说，健美操运动吸引他们的原因不只是健美操自身的锻炼效果，更在于健美操在音乐节奏下表现出的活力。在音乐节奏的带动下，健美操的运动节奏、锻炼者的生理节奏乃至运动中的时空、灯光等，都具有了鲜明的节奏性。健美操锻炼者就是在这样鲜明而富有活力的节奏下进行健美操锻炼的。对于健美操来说，音乐是其不可或缺的一部分。健美操的音乐主要来源于迪斯科等现代音乐以及各类特色的民族音乐。音乐本身的长短、快慢等节奏变化，赋予了健美操运动的节奏性，而这些现代音乐也为健美操运动注入了时代的活力。在音乐的配合下，健美操运动具有极强的感染力，能够起到烘托氛围、激发情绪的作用。

4. 健身的安全性

健美操所设计的运动负荷、运动节奏、运动强度等都比较适合一般人的体质，甚至在体质较弱的人都能承受的有氧范围内。练习时间一般为 30～60 分钟。人们在平坦的地面上，在欢快的音乐声中，跟随快慢有序的节奏进行运动，不仅安全，而且有效。

5. 创新性

创新是健美操运动发展的动力，只有不断创新，健美操才能有存在的依据和生命力。健美操运动具有一定的创新性特征。健美操的创新包括动作的创新、音乐选择的创新、健美操表演的创新、健美操教学的创新等。例如，对于健身健美操来说，创新的动作编排有利于增强健美操运动对锻炼者的吸引力，对于竞技健美操来说，创新的动作编排有利于选手在比赛中获得更高的评分，对于表演性健美操来说，创新的动作编排有利于增强健美操的表演性，对于健美操教学来说，教学方式方法的创新有利于提高健美操教学的效果。对于健美操运动来说，正是由于创新性的特点，使其不断发展，并具备充足的活力。

6. 艺术性

健美操这一运动形式融合了体操、舞蹈、音乐，以展现人体的“健、力、美”为目的，这就决定了健美操运动具有艺术性特征。“健、力、美”从古至今都是人类对身体形态美的最高追求，在健美操运动过程中，锻炼者的“健、力、美”得到了充分的展示，并包含极高的艺术因素。

7. 群众性

健美操运动的群众性是指运动形式多样，要求较低、容易控制，不同年龄、不同身体素质、不同性别、不同时间条件的人，都能选择适合自己的形式进行健美操锻炼。例如，对于不同年龄的锻炼者来说，老年人可以选择节奏感较弱的、运动强度较低的形式进行健美操锻炼，如有氧健身操，年轻人可以选择节奏感较快的、有一定运动强度的形式进行健美操锻炼，如动感单车。健美操在满足人们健身需求的同时，还能起到释放情感、愉悦身心的作用，极大地满足了现代人在体育锻炼中的娱乐需求，因此也受到了群众的广泛欢迎。

8. 观赏性

健美操运动始终以展现人体的“健、力、美”为主要特征，健美操运动还包含舞蹈、音乐的要素，可以说健美操运动是人体美、体育美、艺术美的融合。在健美操运动中，锻炼者可以通过各种动作充分展现自身的美，这也表明健美操具有极强的观赏性。尤其是对于竞技健美操来说，其更是通过较高的难度和专业的锻炼，不断追求着人体的“健、力、美”，而更高的观赏性也是其未来发展的方向。

三、健美操运动的发展趋势

（一）呈现出多样化的发展趋势

随着健美操的不断发展，当今健美操的种类与练习方式呈现出多样化发展趋势。健美操一改过去单一的传统有氧健身操形式，出现了各种器械健身操和水中健身操形式，另外，还出现了一些特殊风格的时尚健美操，如瑜伽健美操、搏击健美操、健身街舞、拉丁健美操等。这些新种类的健美操极大地满足了各种层次和各种特点的人群的需要。锻炼者可根据自身需求与兴趣，从各种各样的健美操中选择最适合自己的，如年轻人更喜欢健身街舞，而老年人则更喜欢瑜伽健身操。健美操要想适应市场发展的需要，谋求更大的发展，就应跟上时代的潮流，不断满足人们对健美操的不同需求。

随着物质生活水平的提高，人们开始有越来越多的需求，逐渐开始追求生活享受，追求个性化。集体锻炼的方式已经不能满足部分锻炼人群的需求。因此在健身俱乐部中私人教练非常受欢迎，且占有相当一部分市场。对于健美操来说，编创操作相对简单的低冲击力以及低冲击力与高冲击力混合锻炼的健美操是当前健美操健身中心的常规项目。

（二）呈现出科学化的发展趋势

科学健身是保证健美操获得良好健身效果的关键，也是健美操锻炼的重要前提。不科学的健身会影响健身的效果，甚至还可能会引起运动损伤，给锻炼者的身体造成伤害，这样就失去了锻炼的意义。因此，应不断提高健美操练习的规范性，使健美操锻炼者能够更准确、科学地进行锻炼，提高健美操练习的科学化程度，避免出现运动损伤，针对不同体质的锻炼者可采取不同的练习方法，提供科学有效的运动计划，可根据不同体质的锻炼者的体能素质、最佳心率范围等，设计最优的健身方案。

（三）呈现出市场化的发展趋势

随着经济与社会的飞速发展，人们的生产和生活方式发生了巨大变化。人们的脑力劳动逐渐增加，体力劳动逐渐减少，生活与工作压力加大，引发了各种现代城市病。这种现象的发生，使人们逐渐意识到健康的重要性，因此，人们对健身的需求日益强烈，健身市场的发展前景广阔。健康的体态、健美的体形成了人们追求的目标。人们开始意识到身体健康的重要性，注重对身体健康的维护。在高校中，越来越多的大学生不断增强自身的体育意识，积极参与学校体育俱乐部组织的各项活动。其中，健美操以其突出的优势和特点吸引了越来越多的大学生，这在很大程度上促进了高校健美操的发展。近年来，高校健美操的快速发展为我国健美操事业提供了许多后备人才，而高校健美操在以后的发展过程中还将与市场紧密联系，共同促进高校健美操的发展。

第二节　高校健美操教学

健美操具有较强的健身和娱乐价值，深受高校大学生，尤其是女大学生的喜爱，在高校校园中经常可以看到大学生进行健美操锻炼的身影。发展到现在，高校健美操教学取得了很大的进步。

一、高校健美操教学的意义

（一）健美操运动能丰富校园文化生活

人类社会文明的发展与进步逐渐催生出一些体育项目，在人类社会文化的发展过程中，体育发挥的作用越来越重要。目前，在人们的业余时间，体育健身成为至关重要的一项活动，它不仅可以使参与者的身体得到锻炼，还可以使参与者的内心得到满足。由于健美操运动的迅速发展，健美操在人们的生活中越来越受欢迎，与此同时，人们的生活中也开始出现各种各样的健美操比赛。

对于高校而言，健美操运动不再只是一种教学形式。在高校的校园文化活动中，健美操运动凭借其独特性在高校中站稳了脚跟。无论是在学校重要的文化活动中，还是在学校的各种比赛中，都有健美操的存在。如今，随着高校健美操运动的深入发展，大部分高校学生越来越喜欢参加健美操比赛。

（二）健美操运动能塑造学生形体

健美操作为一项新兴的体育运动项目，不仅能锻炼身体，还能愉悦身心，因此深受人们的喜爱。目前，社会经济的发展极大地提高了人们的生活水平，这也在一定程度上带动了人们对健康、娱乐的需求。人们开始重视体育运动，心态也发生了相应的变化，不再是被动地接受体育项目，而是积极地参与体育运动。这些情况也都在一定程度上提高了健美操运动的地位，人们逐渐参与健美操运动，并且也都收获了健康和快乐。

与此同时，在逐渐深入的大众健身理念之下，健美操运动成为我国一项主要的健身项目，同时也是大众健身的重要组成部分之一。目前，在大部分高校的体育健康教学计划中都加入了健美操运动，更好地推广了专业的健美操知识，并且使大批的健美操运动人才得到了培养。在我国的体育健身事业中，健美操运动发挥的作用日益明显，此外，发展健美操运动也有着深远的意义。

在长时间的健美操训练之后，学生可以使自身较差的身体状态得到改善，从而塑造一个比较优美的体态。除此之外，学生的修养和气质也会得到培养，使人感到朝气蓬勃、健康向上。另外，健美操运动还能在一定程度上塑造更加健美的体型。特别是在力量练习中，不仅可以促进学生骨骼的发育，而且可以增加肌肉围度，弥补一些先天的身体缺陷，从而对学生健美体型的塑造起到促进作用。与此同时，健美操运动也可以说是一项有氧健身运动，长时间的健美操训练可以消除学生体内多余的脂肪、平衡人体的吸收和消耗，从而使学生的健美体型得到保持。

（三）健美操运动能促进学生的心理健康

现在，随着社会竞争日趋激烈，高校学生的学习压力不断加大。个别学生由于过大的精神压力，因此出现内心焦躁、抑郁等问题，这些精神压力可能使部分学生产生心理上的疾病。体育运动能够在一定程度上缓解学生的精神压力，从而有效预防学生产生各种心理疾病。从这个角度来看，健美操具有更加突出的功能。健美操不仅动作优美，而且还能全面锻炼身体。除此之外，健美操的伴奏音乐节奏感强烈，可以有效缓解学生的精神压力。在轻松优美的健美操运动中，学生能够忘记那些不愉快的事情，把注意力从这些烦恼中解脱出来，享受健美操运动的乐趣，不仅能使自己的内心平静，而且能使自己的精神压力得到有效缓解，从而使学生拥有一个良好的心态。

除此之外，通过健美操运动，学生可以使自己的人际交往能力得到提高。人际交往能力在高校的生活中是至关重要的一项能力，不仅能使学生之间的友谊得到促进，而且还能让学生在交流中以正确的心态面对种种压力，同时能使学生的身心得到放松。由此可见，健美操运动不仅可以健身，还可以娱乐身心，使人们在运动的过程中获得精神上的享受。

二、高校健美操教学的内容、要求与课程安排

（一）高校健美操的教学内容

高校健美操的教学内容是教师和学生开展健美操教学活动的依据，是实现健美操教学的重要条件，它主要指为完成教学任务和教学目标而进行的各种理论知识学习和身体练习。依据上述思路，学校健美操的教学内容可包括以下三个部分：

1. 理论部分

高校健美操教学需要了解一定的教学理论，具体分为以下几点：

（1）健美操概述

①健美操的概念、起源与发展。

②健美操的分类、特点和功能。

③健美操运动的发展趋势。

（2）健美操的创编

①健身性健美操的创编原则与方法。

②竞技性健美操的创编原则与方法。

（3）健美操竞赛的组织与规则简介

①健美操竞赛的组织与竞赛的种类。

②健身健美操竞赛规则简介。

③竞技健美操竞赛规则简介。

（4）健美操的音乐知识

①音乐在健美操中的作用。

②健美操音乐的选配。

③如何欣赏音乐。

2. 技术实践部分

高校健美操技术教学的目的是使学生掌握健美操动作的方法、要领，培养学生正确的身体姿势，塑造学生良好的健美形体，增强学生的各项身体素质，促进学生加深对健美操理论的理解和对动作技术的掌握。

（1）健美操基本动作练习

①健美操的基本步伐：踏步类、并步类、弓步类、半蹲类、吸腿类、摆腿类、弹踢类、踢腿类、开合跳、分腿跳、点地、并跳等。

②健美操的基本徒手动作：头颈动作、肩部动作、上肢动作、胸部动作、腰部动作、髋部动作、地上基本姿态等。

（2）形体练习

①身体站立的基本姿态：丁字步、芭蕾的 5 个脚位。

②手臂的基本姿态：手形及 7 个基本部位。

③手臂的摆动、绕环及波浪练习。

④基本步伐和舞步：柔软步、足尖步、滚动步等。

（3）健美操基本素质练习

①力量练习：哑铃侧举、上举、头后上举、组合练习，仰卧起坐、俯卧撑。

②速度练习：后蹬跑、快速跑、计时跑等。

③弹跳练习：纵跳、吸腿跳、蛙跳、跳台阶、立定跳远。

④耐力练习：800米跑、2000米健身跑、几分钟跑、计时跑。

⑤柔韧练习：压腿、踢腿、压肩、前桥、后桥。

（4）健美操成套动作练习

①组合动作练习。

②成套动作练习。

③健身健美操和竞技健美操各1套。

④街舞、搏击操、拉丁健美操。

3. 能力培养部分

第一，单个动作、造型创编练习。

第二，队形创编练习。

第三，个人创编1套健身健美操。

第四，小组创编1套竞技健美操。

（二）高校健美操的教学要求

1. 促进学生身心健康全面发展

第一，发展人体各器官系统的生理功能，促进学生身体发育日趋完善。

第二，发展心理功能，使学生具有优良的思想和道德品质。

第三，发展力量、速度、耐力、柔韧、灵敏等身体素质，使学生形成优美的身体姿态和良好的气质。

2. 让学生学习并掌握健美操基本知识

第一，了解健美操的健身价值和功能，掌握健美操的基本理论、基本技术技能及锻炼方法。

第二，了解健美操的创编原则与方法，初步学会成套健美操的编排。

第三，了解健美操竞赛的主要规则和表演知识，提高对健美操比赛表演的欣赏能力。

3. 培养学生多方面能力

第一，参加健美操及其他体育活动的运动能力。

第二，自学、研讨、创新和创编能力。

第三，审美与创造美的意识与能力。

第四，组织健美操教学、比赛、表演及裁判能力。

第五，合作与互助能力。

第六，组织和协调个人、班队、校内和社会的活动能力及管理能力。

通过健美操教学与实践活动以及深入细致的思想教育工作，培养并提高学生对健美操的兴趣，在完成健美操教学任务的过程中，逐步实现上述教学目标，以适应21世纪培养德、智、体、美全面发展的高素质的创造型人才的要求。

（三）高校健美操的课程安排

学校健美操的课程设置一般由准备部分、主体部分、结束部分组成，也有采用多段教学的课程结构。不论何种结构，其实质都应遵循人体机能活动规律、动作技能形成规律、人体适应性规律和组织体育课教学的规律，把教与学的双向活动安排得合理，使各个部分的教材内容、组织教学和时间分配等符合教学对象和任务，使练习与休息合理交替，达到最佳的组织教学和锻炼效果。

健美操教学的课程时间一般为90～100分钟。

1. 准备部分

时间：一般为20分钟左右。

主要内容有以下几点：

第一，学生整队报告，教师明确本堂课的任务和要求，检查出勤情况，处理见习生等。

第二，进行热身。一般以热身操的形式出现，主要是以基本步伐配合手臂动作为主的单个或组合动作，或者通过练习健美操的基本动作，达到热身和掌握基本技术的双重目的。

第三，把基本动作中结构复杂的动作精简化后，可安排在准备部分中进行练习，以加快基本部分的教学进程。

2. 主体部分

时间：一般为60分钟左右。

主要内容：根据教学大纲和教学计划规定的教材内容，结合学生的具体情况进行教学。

第一，主要进行徒手、手持轻器械的单个动作、组合动作和成套动作练习。

第二，学习成套动作时，可按成套健美操的节序、段序，一节一节或一段一段地学习。

第三，在学完后面一节或一段时，要及时与前面一节或一段连接起来练习，以掌握节与节或段与段之间的连接技术，加强学生对动作的记忆。

第四，对于结构复杂的动作，可采用完整动作示范、分解成几个部分进行练习，再完整教学的方法，即“完整—分解—完整”法。

第五，在每堂课的教学中都应增加并特别注重对学生多方面能力的培养，根据各阶段的任务设计出培养能力的具体内容、方法和手段，使理论与实践教学相结合，传授知识与培养能力并举。

第六，采用练习与休息合理交替的方法调整课的练习密度和运动负荷。大强度的、连续的跳跃后或成套动作练习后，要多休息一段时间；一般练习后可少休息或不休息。可采用讲解、示范、纠正错误、小组交替练习等多种方法调整课的运动负荷。

第七，课堂教学可采取合班与分组结合的方式，学习教材合班开展教学，练习提高分组进行，然后教师及时总结和评价。

第八，直观模拟和电化教学相结合。运用现代教育技术手段给学生观看各种风格的健美操表演、自己表演的视频和其他优秀运动员的表演，有效激发学生的学习兴趣，培养学生的创新意识和创造能力。

3. 结束部分

时间：一般为 5～10 分钟。

主要内容有以下几点：

第一，进行调整放松运动，一般以伸拉性、弹抖性动作配合呼吸进行放松练习，使身体负荷逐渐恢复到相对平稳状态。

第二，总结本堂课任务的完成情况，布置课外练习作业。

第三，整理教学用具，将器材归还原处。

这里讲的是健美操课程的一般结构。有时根据任务的不同，也可不按上述三部分进行。有时在课的一开始就严格按照成套动作的顺序，一节一节地进行教学，使学生的肌体进入有氧代谢活动中。成套动作的练习与休息的交替，则要根据教学活动的情况，采用合理的教学方法。有些内容有时还可以培养1～2名健美操技术和身体素质较好的学生担任小教员来讲授和表演，教师进行补充和提高。

第三节　高校健美操运动训练的基本理论

一、高校健美操训练的基本原则

（一）系统性原则

系统性原则是高校学生进行健美操训练的基本原则之一。只有进行系统的训练，才能熟练掌握科学正确的健美操动作和技巧。

系统性训练原则是高校学生练习健美操的需要，是高校学生不断重复和巩固健美操动作技术的需要，是高校学生实现健美操运动技能系统化积累的需要，是高校学生取得优秀健美操运动成绩的需要。

在高校健美操训练实践中，多年系统训练和周期训练是实行系统性原则的两个重要手段。高校学生应该有明确的训练目标，同时将健美操的身体素质训练、技术训练、心理训练等结合起来，合理安排训练周期和训练负荷，使整个训练过程系统、有序地进行。

（二）周期性原则

周期性原则是指高校学生在健美操训练的整个过程中，要按照各阶段组成的运动周期循环地进行。高校健美操训练的周期性原则具有一定的科学依据，即竞技状态的客观规律和健美操运动技术形成的客观规律，具体表现为以下几个方面：

第一，高校学生健美操各训练周期是相互联系的。一般情况下，健美操训练的前一周期是后一周期的基础，后一周期要在前一周期的基础上获得提高，从而获得最佳的运动成绩。健美操运动训练遵循周期性，一定要重视各个周期内健美操的具体训练。

第二，高校学生健美操各训练周期是相对独立的。在健美操训练的不同周期内，由于训练的阶段不同，具体的训练任务、训练内容、训练目的、训练方法、训练手段、训练负荷等都会有所不同。在健美操周期性训练中，一定要注重各周期间的不同之处，根据具体情况进行训练，以期获得理想的效果。

第三，高校学生在遵循健美操运动周期性原则时，还要注意其他因素对周期性的影响，如比赛任务、对象特点、训练环境等因素对健美操训练的影响，合理安排健美操训练的周期，各周期间也要做到紧密衔接，并及时根据健美操运动训练的反馈情况对训练周期进行调整。

（三）直观性原则

在高校健美操训练过程中，坚持直观性原则可以有效提高高校大学生的训练效果，因此应予以充分的重视。

在高校健美操训练实践中，直观法是一种常用的训练方法。通过教师的直观教学，可以将健美操的训练生动形象地传递给学生，学生可以更加容易、准确地掌握健美操的动作技术。

对于高校健美操运动的初学者来说，在训练中遵循直观性原则，可以首先观看教师的示范动作，等训练达到一定的水平之后，可采用图解、录像、语言信号、助力、固定身体姿势或慢速做动作、直接观摩优秀运动员的表演和比赛等手段，结合教师或教练员恰当的比喻、形象的讲解，以及教练员对学生动作技术的观察分析、研究讨论，积极思考，逐步找出完成健美操运动的规律性，体会健美操动作的空间方位和肌肉用力。

（四）循序渐进原则

高校学生进行健美操训练遵循循序渐进原则是符合人体动作形成的客观规律。在运动技术的训练和学习中，人体结构的改变、运动能力的提高、内脏循环功能的改善，都是由于机体的神经系统通过对运动系统及其他内脏循环系统反复调节而形成的适应性反应。这种适应性的形成是一个相当复杂的协调过程，仅仅靠几次训练和练习是无法实现的，因此，高校大学生只有经常坚持训练，长期积累经验，才能达到良好的训练效果。

人的体形不是一朝一夕就能形成的，高校健美操的训练也需要一个由量变到质变的过程。在训练实践中，学生运动技能在短期内飞速提高并不等于增强了身体素质，反而是打破了机体原有的生理平衡。因此，必须坚持循序渐进的原则，让机体在健康的状况下逐步形成新的生理平衡。

（五）持之以恒原则

高校健美操训练可以强身健体。因而，高校大学生希望通过健美操的训练来获得匀称的身材、优美的体态和优雅的举止，但是训练是一个枯燥的、长期的过程。一些大学生在经过一段时间的健美操训练后，发现自己的形体或体重并没有发生显著变化，就放弃了健美操训练计划，显然，这种认识和做法都是错误和不科学的。

生理学研究证明，人体是一个完整的机体，人体任何动作的完成都是在中枢神经系统的指挥下进行的，全身各组织器官之间都有着密切的联系，身体任何局部功能的改善和提高都是协调和共同运动的结果。在训练中遇到困难或没有成效就放弃，肯定不能取得预期的训练效果；急于求成或盲目增加运动量，就会使心脏的活动超出正常负荷而疲劳过度，不利于身体健康。

因此，高校学生要想通过健美操的训练拥有一个健康的身体，必须坚持运动。最好的健身方法还是坚持有规律的、经常性的训练。只有持之以恒地进行训练，最终才能达到增强体质和健美形体的目的。

（六）区别对待原则

唯物辩证法认为，矛盾具有特殊性的特点，每种事物都有自己的特点。由于高校大学生在性别、年龄、身体素质、理解能力等方面存在着很多不同，因此健美操运动的训练内容、训练方法、训练负荷等也应有所不同。高校大学生进行健美操训练要充分考虑客观规律和实际情况，即要求高校大学生健美操训练中遵循区别对待的原则。

区别对待原则有利于调动高校大学生练习健美操的自觉积极性，也有利于教练员或教师发现和培养有前途的运动员。在健美操训练中的确存在着一些“全面型”的运动员，但更多的学生还是优点和缺点并存，并且具有明显的差异性。因此，在健美操运动训练中，教练员要对学生的情况了如指掌，学生在自主训练时也要做到从自身的条件出发，扬长避短。例如，在某些素质和技术上不足的学生应加强薄弱环节的训练，尽量提高运动技能。

另外，健美操运动具有众多的种类划分，且参与人数也有所区别，如包括单人、混双、三人、六人等项目比赛，高校学生在训练中应认真贯彻区别对待的原则。

总之，高校大学生在进行健美操训练中贯彻区别对待原则应该反映在训练计划及训练的始终，使训练任务、训练内容、训练手段、训练方法和运动负荷符合个人特点，切合实际。

（七）合理安排原则

1. 合理安排运动负荷

健美操训练的运动负荷直接关系到健美操的训练效果。因此，在训练实践中要合理安排。运动负荷过大或不足都不能取得良好的训练效果。

一方面，如果高校学生在健美操训练过程中，训练负荷难以使学生的身体得到充分的训练，学生自身的潜力就难以充分挖掘，取得的效果也就非常微弱；另一方面，如果高校学生在健美操训练过程中承受的训练负荷强度过大，学生身体运动过度，就会对学生的身体造成一定的损害。因此，合理的健美操运动负荷安排是高校学生科学训练的前提和基础，是充分发挥大学生运动潜力、促进大学生合理训练、使大学生正确领悟和掌握健美操运动动作和技术的训练保证，应该引起学生以及教师的高度重视。

在高校健美操运动训练实践中，合理安排运动负荷要以机体超量恢复为理论依据。根据机体超量恢复原理，结合具体的训练任务，针对不同的训练对象，逐步而有节奏地加大训练负荷，直至达到学生所能承受的最大限度的运动负荷。实践证明，在高校健美操运动训练中，逐步加大运动负荷是可行的、科学的。具体应按照“加大—适应—再加大—再适应”的过程逐步增加训练负荷。

另外，合理安排运动负荷还要贯穿高校健美操的全年和多年的训练计划中，注意大、中、小运动量的结合，充分考虑训练对象的性别、年龄、身体素质、训练水平、意志品质、思想状态、伤病情况等因素，统筹规划安排。

2. 合理安排训练时间

高校健美操的训练时间应根据训练者的作息时间、生活规律来具体安排。同时，应在训练实践中找出适合自己的训练规律，以在训练时能很快调动起机体的兴奋性和训练后感到舒适为准，然后争取每次都在这个时间进行训练。定时进行训练，可以使机体产生一系列适应性变化，让身体各器官机能在训练时充分调动起来，以达到训练的最佳效果。

（八）及时调整原则

任何事情都不是绝对的，高校健美操的训练也不是一成不变的，应根据自身的训练效果和身体状况及时对训练进行调整。

高校大学生如果在进行健美操训练时感觉身体状况欠佳，有炎症或出现疲劳症状（四肢无力、疲倦、头晕、恶心、心悸等）时，应立即停止训练，不要勉强。这是因为当机体状况不好时，机体的中枢神经对身体的控制能力就会大大下降，有机体对外界环境的适应能力和有机体的协调关系也会出现失调现象，如果仍然勉强坚持训练，不仅不利于健身，反而会给身体健康带来不良影响。

二、高校健美操科学训练的方法

（一）高校健美操动作技术训练方法

1. 想象训练法

高校健美操想象训练法是指大学生在练习前通过对健美操动作技术要领的想

象，在大脑皮层中留下技术动作形象，然后在具体的训练中激活这些形象，使健美操技术动作完成得更为顺畅和正确的一种训练方法。

高校学生在运用想象训练法进行训练时，要与各种感觉相结合，即在大脑中对动作技术想象的同时，同步地与机体的各种感觉结合起来，把想象变成动作实践。想象训练法因对学生的抽象思维能力要求较高，训练实践中较少采用。

2. 完整与分解训练法

高校健美操完整训练法是指学生将健美操运动技术动作从开始到结束完整地进行练习，从而掌握健美操动作技术的训练方法，优点在于帮助学生建立完整的技术动作概念，不致影响健美操动作结构的完整性，适用于较为简单或不宜分解的动作技术训练。高校健美操分解训练法是指将一个技术动作分成若干个环节分别进行练习的方法，优点是可以减少训练难度、增强学生学习健美操的信心，适用于复杂的技术动作及技能主导类训练。

3. 减难与加难训练法

高校健美操动作技术训练中以低于健美操运动专项要求的难度进行训练的方法就是减难训练法，高校健美操动作技术训练中以高于健美操专项要求的难度进行训练的方法就是加难训练法。

高校健美操减难训练法主要应用于健美操训练的初期，如在跳远训练的踏跳练习中，以弹簧板代替踏跳板；高校健美操加难训练法因对大学生的综合素质要求较高，所以在训练实践中比较少用。

4. 核心训练法

核心训练法是近年新兴的训练方法，主要应用于健身、健美领域。这种训练方法主要基于认识到体能训练中躯干肌的重要作用，因此，将以往主要用于健身力量训练方法拓展到健身、健美、竞技体育领域而被提出。“核心”是一个分步、分级、分层的有机整体，这是核心训练的核心。在健美操具体的训练实践中，肌肉的部位有深浅，动作的时间有先后，用力有主动、被动与协调，并受神经内分泌、屈伸、向心、离心等因素的影响，因此在训练中应充分考虑这些因素。

5. 功能训练法

功能训练是一种为提高专项运动能力而加强核心力量、使神经系统得到有效训练的方法，在高校健美操训练中较少采用。

功能训练是一种训练“动作”或“姿势”的控制力和精确性活动，不强调某一具体动作中的四肢力量的过分发展，而是重视多关节、多平面的训练，并把机体的平衡控制和本体感受纳入训练实践当中，强调全身动作的一体化和控制平衡。

（二）高校健美操比赛心理训练方法

在高校健美操的比赛中，大学生运动员动作技能的发挥受心理因素的影响。因此，在日常的健美操训练中应注意对高校学生进行适当的心理干预，重视心理训练。高校健美操心理训练是专门针对高校学生为完成专项运动所需的心理素质的训练。大学生的心理素质得到加强和提高需要通过具体的训练方法来实现，具体包括以下几种：

1. 表演训练法

高校健美操表演训练法是指让大学生经常参加各种表演活动，在实践中提高大学生的表现力和表演经验，从而达到克服在比赛中紧张、害怕的心理。高校健美操的表演训练多安排在阶段训练的后期和比赛前期。

2. 模拟训练法

高校健美操的模拟训练法是指按健美操运动的比赛条件和比赛环境专门安排的训练。该训练方法可以培养大学生运动员适应健美操运动比赛的心理状态，加强比赛中自我控制和自我调节的能力，从而提高大学生运动员在临场比赛时的适应能力。

值得注意的是，高校健美操的模拟训练法应该贯穿于高校学生平时的训练之中，在日常训练中适当地增加大学生运动员的心理压力，制造紧张的比赛气氛，使大学生运动员在模拟训练中及时进入角色，体验真正的健美操比赛环境中的比赛心理。

3. 念动训练法

念动训练法又称表象训练法，是运用运动表象并结合自我暗示，在运动员的头脑中再现过去完成的正确动作形象，回忆与再现、唤起临场感觉的训练方法。主要目的是通过多次动作表象，提高大学生运动员的表象再现能力及表象记忆能力，排除干扰，调节紧张心理，使大学生运动员的注意力集中在正确的健美操动作技术上，提高大学生运动员的心理稳定性。

高校健美操的念动训练采用的时间，应在成套健美操动作训练间歇时间、睡觉前或比赛开始前。这种方法在大学生健美操运动训练中比较少见。

第四章　高校健美操训练

本章主要内容为高校健美操实践训练，共分为以下三个方面的内容：高校健身健美操训练、高校竞技健美操训练、高校流行健美操训练。

第一节　高校健身健美操训练

对高校健身健美操训练方法的研究有着重要的意义，它能够为高校学生健身健美操训练提供指导，有利于高校学生健身健美操水平的提高，有利于高校健身健美操锻炼目的的实现。

一、高校健身健美操基本动作训练

（一）头颈部动作训练

1. 屈

头部向前、后、左、右四个方向分别做颈部关节弯曲的运动，包括前屈、后屈、左侧屈、右侧屈。注意身体正直，做动作时应缓慢，充分伸展颈部肌肉。

2. 转

头保持正直，然后头颈部沿身体垂直轴向左、右转动 90°。注意下颌平稳地左、右转动。

3. 环绕

头保持正直，然后头颈部沿身体垂直轴向左或右转动 360°，两个动作一致，方向相反。注意转动时头部要匀速缓慢，不要过快。动作要到位，向后转时头要后仰。

（二）肩部动作训练

1. 提肩

双脚开立，身体保持正直，然后肩部沿身体垂直轴向上提起。动作变化包括单提肩、双提肩。注意尽可能向上提起，提肩时身体不能摆动。

2. 沉肩

双脚开立，身体保持正直，然后肩部沿身体垂直轴向下沉落。动作变化包括单肩下沉、双肩下沉。注意尽可能向下沉落，沉肩时身体不能摆动，头尽量往上伸展。

3. 绕肩

双脚开立，身体保持正直，然后肩部沿身体前、后、上、下四个方向进行绕动。动作变化包括单肩环绕、双肩环绕。注意绕肩时身体不能摆动，动作要尽量大，舒展开。

（三）上肢动作训练

1. 基本手型

（1）合掌

五指并拢伸直。

（2）分掌

五指用力分开，手腕保持一定的紧张程度。

（3）拳

五指弯曲紧握，大拇指压在食指弯曲部位。

（4）推掌

手掌用力上翘，五指自然弯曲。

（5）西班牙舞手势

五指用力，小指、无名指、中指自掌指关节处依次弯曲，拇指稍内扣。

（6）芭蕾手势

五指微屈，后三指并拢，稍内收，拇指内扣。

（7）一指式

握拳，食指伸直或拇指伸直。

（8）响指

拇指与中指摩擦与食指打响，无名指、小指弯曲。

2. 举

以肩关节为中心，手臂进行活动。动作包括前举、后举、侧举、侧上举、侧下举、上举等变化。注意动作到位，有力度。

3. 屈

肘关节由弯曲到伸直或由伸直到弯曲的动作。动作包括胸前平屈、肩侧屈、肩上侧屈、肩下侧屈、胸前上屈、头后屈等变化。注意关节做弹性的屈伸。

4. 绕

双臂或单臂以肩为轴做弧线运动。动作包括双臂或单臂向内、外、前、后环绕等变化。注意路线清晰，起始和结束动作位置明确。

（四）躯干动作训练

1. 胸部动作

（1）含胸、挺胸

含胸时，低头收腹，收肩，形成背弓，呼气；挺胸时，抬头挺胸，展肩，吸气。动作有手臂胸前平屈含胸、手臂侧平举展胸变化。注意含胸时身体放松但不松懈，挺胸时身体紧张但不僵硬。

（2）移胸

移胸时，髋部位置固定，腰腹随胸部左右移动。动作可以有左右移动变化。注意移胸时，腰腹带动胸部移动，动作要尽量大。

2. 腰部动作

（1）屈

腰部向前或向侧做拉伸运动。动作变化包括前屈、后屈、侧屈。注意充分伸展，运动速度不宜过快。

（2）转

腰部带动身体沿垂直轴左右转动。动作变化有迈步移动重心与转腰运动结合。注意身体保持紧张，腰部灵活转动。

（3）绕和环绕

腰部做弧线或圆周运动。动作变化包括与手臂动作相结合进行腰部绕和环绕。注意路线清晰、动作圆润。

3. 髋部动作

（1）顶髋

双腿开立，一腿支撑并伸直，另一腿屈膝内扣，上体保持正直，用力将髋顶出。动作变化包括双手叉腰顶髋：左顶、右顶、后顶、前顶。注意动作用力且有节奏感。

（2）提髋

髋向上提。动作变化包括左提、右提。注意髋与腿部协调向上。

（3）绕和环绕

髋做弧线或圆周运动。动作变化包括左、右方向进行绕和环绕动作。注意运动轨迹要圆滑。

（五）下肢动作训练

1. 立

（1）直立、开立

身体直立，再打开双腿，做开立动作。注意直立时身体要抬头挺胸；开立时，脚的间距约与肩相等。

（2）点立

先直立，再伸出一条腿做点立或双腿提起做提踵立。动作变化包括侧点立、前点立、后点立、提踵立。注意动作要舒展。

2. 弓步

直立后，大步迈出一腿，做屈腿动作。动作变化包括前弓步、侧弓步、后步。注意步子迈出不能太小，也不能太大。

3. 踢

双腿交换做踢腿动作。动作变化有前踢、侧踢、后踢。注意动作要干净利落。

4. 弹

双腿进行弹动动作。动作变化有正弹腿、侧弹腿。注意双腿要有弹性。

5. 跳

做各种姿势进行腿部练习。动作变化有并腿跳、开并腿跳、踢腿跳。注意跳时要有力度和弹性。

二、高校轻器械健身健美操训练

高校轻器械健身健美操训练主要用到的器械有绳、哑铃、健身球等。

（一）绳操的训练

1. 绳操概述

绳操是在伴着音乐伴奏，持绳的两端，或将短绳对折或三折（绳绷直），通过上肢的举、屈、伸、绕环、转肩，躯干的屈、伸、绕、绕环转体，下肢的踢、屈、伸、摆越绳、跳跃及全身平衡等动作，以达到锻炼身体、减少脂肪、愉悦身心等目的的一种有氧健美操锻炼方法。

绳操对绳的要求比较高，具体来说，绳由棉质、麻质、棉麻混合及塑料制成。单人用绳长 2～2.3 米，双人和三人用绳长 2.5～3 米，专门用来跳长绳的长 5～7 米。

绳操具有健美操的特点，上、下肢运动均衡，并可根据练习者的体能情况调节运动量。它作为软器械可用于一些限制性练习，如拉伸等。同时，由于大部分动作是跳跃，能更有效地增强心肺功能，具有明显的减脂瘦身功能。绳操是一项有氧运动，适宜的人群较为广泛，是一种非常受现代人欢迎的改善形体的健身运动项目。

绳操具有较为广泛的群众基础，简单易行，主要表现在：第一，绳为软器械，可折叠，方便携带，同时价格低廉，适合广大健身人群；第二，练习者可根据自身的身高和实际需求来选择绳的长短、练习形式和练习方法，可选择以发展心肺功能、提高下肢的弹跳能力和身体耐力为主的跳绳练习，也可选择以提高身体协调性和柔韧性、改善形体的绳操；第三，练习内容简单易学，安全有效，又不受场地条件的限制，故实用性较强。

2. 绳操的基本技术

绳操的基本技术主要包括摆动、绕环以及跳绳。具体如下：

（1）摆动

双手或单手握绳头，以肩为轴前后或左右摆动绳。摆动时肩放松，力量均匀，以控制绳形不变。

（2）绕环

双手或单手握绳头：以肩、肘或腕为轴在身体各个面上做各种绕环。在做绕环动作时，需要注意的是：绕环面要准确，绳不能触及身体。

（3）跳绳

跳绳分为双脚跳、单脚跳、高抬腿跳等形式。可做向前摇、向后摇、双摇、交叉摇等跳跃动作。跳绳时需要注意的是：双臂自然伸直，以手腕为轴摇绳，跳起时要轻松有弹性，落地时应有缓冲。

3. 绳操动作组合

（1）预备姿势

双手持四折绳于体前直立（以下所有动作以先出右脚为例）。

（2）第一个八拍

1～2 拍：右脚向右做并步，同时两臂前平举并还原。

3～4 拍：左脚向左做并步，同时左臂前上举，右臂前下举，持绳并还原。

5～6 拍：右脚向右做并步，同时两臂经上举至肩侧屈。

7～8 拍：左脚向左做并步，同时两臂经上举并还原。

（3）第二个八拍

1～2 拍：右脚向右前方迈出 1 步，左脚脚尖点地，同时两臂上举。

3～4 拍：左腿并右腿同时两臂向后绕至下举。

5～8 拍：同 1～4 拍动作，但前后、左右相反。

（4）第三个八拍

1～2 拍：右脚向右侧 1 步并向右移重心，同时双手分别持绳头向右摆动绳。

3～4 拍：同 1～2 拍动作，但左右相反。

5～8 拍：右脚向右侧变换步同时两臂向右经上、左至右绕环一周。

（5）第四个八拍

1～4 拍：右脚开始跑跳步同时左手握双折绳头（两个头），右手握绳中段在体侧以右手腕为轴做向前的小绕环。

5～8 拍：下肢动作同上，同时左手于右胸前，右臂上举以右手腕为轴做水平小绕环。

（6）第五个八拍

1～4 拍：右腿、左腿依次向前弹踢，同时双手分别握绳头做体侧“8”字绕环。

5～8 拍：后屈腿跳，同时做 4 次体侧“8”字绕环。

（7）第六个八拍

1～4 拍：高抬腿前摇跳。

5～8 拍：后屈腿前摇跳。

（8）第七个八拍

1～4 拍：高抬腿交叉前摇跳。

5～8 拍：后屈腿交叉前摇跳。

（9）第八个八拍

1～8 拍：同第五个 8 拍中的 1～4 拍。

（10）第九个八拍

1～4 拍：右脚向前走 4 步，同时左手于右腰间，右臂上举以肘为轴绕绳（绳缠身）。

5～8 拍：右脚向后退 4 步，同时左手于右腰间，右臂上举以肘为轴绕绳（放绳）。

（11）第十个八拍

1～4 拍：左脚开始向左走 4 步同时转体 360°，双手握绳，头上摆动一周。

5～8 拍：右脚开始向右走 4 步同时转体 360°，右手握两绳头，左手握在绳中段将绳 4 折，还原至预备姿势。

（二）哑铃操的训练

1. 哑铃操概述

哑铃操是在徒手健美操的基础上，手持哑铃进行身体练习的一种体育锻炼形式。哑铃又称手铃，一般根据材质和制作手法等的不同，大致分为三种：木制或者铁制的哑铃，健美操用的外有软包装护把的哑铃，不带护把的哑铃。

由于哑铃的材质不同，其重量也会有一定的差异性。握把长度为 10～12 厘米，直径为 3 厘米左右，铃头直径为 5～7 厘米，圆形或圆柱形，护把的半径为 4 厘米左右。哑铃属短双器械，两手各握一哑铃，动作灵活，不受器械的限制。

哑铃操正确的握铃方法为：四指并拢环握握把，拇指握压在食指第一指关节上，有护把的四指应从半圆形护把中穿过，使护把套在手背处，然后握紧握把。

哑铃操具有非常重要的作用和意义，具体来说，主要表现在两个方面：首先，由于哑铃本身有一定的重量，所以对发展上肢各部位关节的柔韧性、灵活性和完成动作时肌肉的控制能力有较强的作用；其次，利用音乐配合哑铃操锻炼能够提高练习者的兴趣，降低疲劳感，提高身体的协调性。

2. 哑铃操的基本动作

（1）腿部动作

在哑铃操中，腿部的基本动作主要有提哑铃前冲、举哑铃蹲立。

第一种，提哑铃前冲。双手放在身体的两侧并各提一个哑铃，而且要尽量让哑铃贴近身体。直立，保持背部平直、挺胸、收腹，骨盆略向前倾，双肩向后绷紧。

1～2 拍吸气，同时右脚向前迈一大步。双脚脚尖向前，屈右膝使右膝的位置与右脚脚后跟和脚趾的中间位置处于一条假想的直线上。

3～4 拍屈左膝，使其停在离地面 5 厘米处。

5～8 拍呼气，同时收右腿并利用脚后跟发力，使自己直立起来。交换腿重复练习 15～20 次，共 3 组。

在做提哑铃前冲动作时，要使脚后跟、足踝骨、大腿和臀部保持在一条直线上。因为这样可以使膝盖和后背避免因压力过重而发生受伤现象。

第二种，举哑铃蹲立。双手放在身体的两侧并各提一个哑铃直立，保持背部平直，挺胸，收腹，骨盆略向前倾，双脚分开，脚尖向前，微微屈膝，膝盖和脚保持在一条直线上。双眼向前看，将握在双手中的哑铃举过肩部，屈肘。

1～4 拍吸气，同时屈膝并慢慢向地下蹲，将身体的重量放在足踝骨上，同时挺胸并保持背部平直，使自己的膝盖和脚处于一条直线上，两腿处于平行状态。

5～8 拍呼气，同时慢慢站直身体，双臂放回身体的两侧，并继续保持背部平直，而且脚后跟不离地。反复练习 10～20 次，共 4 组。

在进行举哑铃蹲立的动作时，需要注意两个方面：一方面，不要让自己的蹲立高度超过椅子的高度；另一方面，动作过程中脚后跟不离地。

（2）肩部动作

哑铃操的肩部动作主要有双臂两侧平举哑铃、双臂两侧上举哑铃。

第一，双臂两侧平举哑铃。双脚分开站立，保持背部平直，挺胸，收腹，骨盆略向前倾，微屈。双手各放在两条大腿前面，紧握哑铃，掌心相对，微微屈肘。吸气，同时双臂各以半圆形的弧度由下至上地向身体的两侧平伸出去，使双臂保持在与肩部齐平的一条直线上，要尽量使腕关节始终保持平直的状态。稍停 2 秒再呼气，同时将哑铃慢慢地放回到大腿的前面位置。

在做双臂两侧平举哑铃动作时，需要注意两个方面：一方面，哑铃的重量要适宜，动作过程不要太快；另一方面，腕关节要始终保持平直。

第二，双臂两侧上举哑铃。双脚分开站立与肩宽，双手放在身体两侧各提一个哑铃，举到与肩平齐的位置，掌心朝前，挺胸收腹，背部平直，吸气，呼气，同时将哑铃举过头顶并让手臂伸直（但要微屈肘）。稍停 2 秒再吸气，同时将哑铃降到与肩部平齐的高度，反复练习 15～20 次，共 3 组。

在做双臂两侧上举哑铃动作时，需要注意的是：在举哑铃时要保持背部的平直，如果使背部向后倾斜，就有可能拉伤背部肌肉。

（3）背部动作

哑铃操的背部动作主要有提哑铃耸肩、屈身提哑铃。

第一种，提哑铃耸肩。双手分别放在身体的两侧，手中各提一个哑铃，分腿直立，微屈膝，挺胸、收腹，骨盆略向前倾，双眼向前看。吸气，同时慢慢地耸起双肩，并向后转动，同时要尽量使哑铃贴近身体，保持这一姿势 2 秒，再呼气，同时慢慢地落下双肩，反复练习 20～25 次，共 3 组。

在做提哑铃耸肩动作时，需要注意的是：练习时不要驼背，收胯，注意使头部与脊骨保持在一条直线上。

第二种，屈身提哑铃。双脚分开与肩稍宽，脚尖朝前，从臀开始向前屈身，双手紧握哑铃吸气。呼气，同时慢慢地将哑铃提向腹部上方并保持背部平直，保持这一姿势 2 秒，再吸气，同时慢慢地将哑铃放回到地上，反复练习 10～15 次，共 3 组。

在做屈身提哑铃动作时，需要注意两个方面：一方面，在过程中一直保持屈膝状态；另一方面，哑铃重量要控制好。

（4）胸部动作

哑铃操的胸部动作主要有平躺向两侧举哑铃、抬膝平躺屈臂举哑铃。

第一种，平躺向两侧举哑铃。平躺在长凳上，收腹，使身体形成一个四方形，双手握哑铃，并将它们提到胸部附近上举，两脚分开并平踩在地上。吸气，同时将双臂分别伸向身体的两侧，然后屈肘，双臂和肩部、胸部保持在同一水平位置，保持这一姿势 2 秒，再呼气，同时慢慢地让双臂一起回到胸部上方，反复练习 8～10 次，共 3 组。

在做平躺向两侧举哑铃动作时，需要注意的是：平躺的头部和脊椎骨要保持在一条直线上，并使后背紧贴在长凳上。

第二种，抬膝平躺屈臂举哑铃。双手放在大腿的前面，手中各提一个哑铃，脸朝上向后平躺在长凳上，尽量保持背部的平直，并使躺在长凳上的身体形成一个四方形，收腹。

将两个哑铃举到胸部的上方，再屈肘，并让双肘分别位于身体的两侧。吸气时双臂慢慢地伸过头顶，然后让双肘弯曲呈向下的45°角，并使握在手中的两个哑铃指向地面；呼气，同时慢慢地将两个哑铃举回到胸部的上方，反复练习10～15次，共3组。

在做抬膝平躺屈臂举哑铃动作时，需要注意的是：在运动时不要让双肘弯曲的程度过大，以免使自己受伤。

3. 原地哑铃操

（1）第一节

第一个八拍如下：

1拍：左臂胸前屈，手贴右肩。

2拍：右臂胸前交叉屈，拳心向内。

3拍：左臂内旋至侧上举，拳心向前。

4拍：右臂内旋至侧上举，拳心向前。

5拍：双臂经侧至下举，击铃1次，同时屈膝呈半蹲。

6拍：双腿伸直，同时两臂经侧至上举，击铃1次。

7拍：双腿屈膝呈半蹲，同时左臂侧举，掌心向前，右臂胸前平屈，拳心向内。

8拍：双腿伸直呈开立，同时右臂经前摆至侧举，拳心向前，左臂胸前半屈，拳心向内。

第二个八拍同第一个八拍动作，但方向相反。

第三个八拍如下：

1拍：右臂肩上侧屈，拳心向前，左臂不动。

2拍：左臂内旋前伸至前举，拳心向下，右臂不动。

3拍：右臂拉至肩上前屈，拳心向内，左臂不动。

4拍：左臂肩上前屈，两肘相对。

5拍：双肘上提至胸前平屈。

6拍：双腿屈膝呈半蹲，同时双臂以肘为轴向侧摆至侧举。

7拍：双腿伸直呈开立，同时左臂侧上举，拳心向外，右臂摆至侧下举，拳心向下。

8 拍：侧臂向下摆至侧举，右臂向上摆至侧举，两拳心向下。

第四个八拍同第三个八拍动作，但方向相反。

（2）第二节

第一个八拍如下：

1 拍：身体向左转体 90°，同时右臂摆至左侧举，两手掌心相对。

2 拍：身体向右转体 90°，同时右臂拉至胸前平屈，拳心向内。

3 拍：右臂以肘关节为轴向侧摆至侧举，拳心向前。

4 拍：双臂摆至上举，拳心向前。

5～6 拍：右膝内旋向左顶髋 2 次，同时两臂胸前屈向右侧摆，拳心向内。

7 拍：同 5～6 拍动作，但方向相反，顶髋 1 次。

8 拍：还原呈开立，同时两臂侧举，拳心向前。

第二个八拍同第一个八拍动作，但方向相反。

第三个八拍如下：

1 拍：双臂前拳，拳心相对。

2 拍：双臂摆至上举。

3 拍：双臂侧上举，拳心向前。

4 拍：双腿屈膝呈半蹲，同时双臂经侧绕至胸前平屈。

5 拍：双腿伸直，重心移至左腿，右脚侧点地，同时左臂摆至翻上举，拳心向外，右臂摆至侧下举，拳心向下。

6 拍：同 4 拍动作。

7 拍：同 5 拍动作，但方向相反。

8 拍：重心移至双腿呈开立姿势，同时双臂摆至下举。

第四个八拍同第三个八拍动作。

（3）第三节

第一个八拍如下：

1～2 拍：重心向左移至侧弓步，同时左臂侧举，拳心向下，右臂不动。

3～4 拍：重心移至右腿呈侧弓步，同时左臂经上摆至上举，拳心向外，上体右侧倾，右臂不动。

5～6 拍：重心移至左腿呈侧弓步，同时左臂拉至肩上侧屈，拳心向外，右臂摆至侧上举，拳心向外，上体左侧倾。

7～8 拍：重心移至右腿呈侧弓步，同时右臂摆至胸前平屈，左臂内旋伸至前举，拳心向下。

第二个八拍如下：

1～2 拍：重心移至左腿呈侧弓步，同时双臂前举，掌心相对。

3～4 拍：重心移至右腿呈侧弓步，同时双臂外旋侧摆振胸 1 次至侧拳，拳心向前。

5～6 拍：重心移至左腿呈侧弓步，同时双臂向上摆至上举，拳心向前。

7～8 拍：重心移至双腿呈分腿开立，同时双臂经侧还原至下举。

第三个八拍同第一个八拍动作，但方向相反。

第四个八拍同第二个八拍动作，但方向相反。

（4）第四节

第一个八拍如下：

1～2 拍：重心移至右腿，左脚侧点地，同时左臂肩上前屈向右侧上方摆，身体左侧屈，右臂不动。

3～4 拍：重心移至左腿，右脚侧点地，同时左臂伸直经下绕至上举拳向内，上体右侧屈，左臂不动。

5 拍：身体不动，右臂侧举，拳心向前。

6 拍：身体不动，双臂头上屈，击铃 1 次。

7～8 拍：上体还原呈开立，同时双臂经侧还原呈下举。

第二个八拍同第一个八拍动作，但方向相反。

第三个八拍如下：

1 拍：双腿屈膝呈半蹲，同时左臂向右绕至肩上侧屈，拳心向内。

2 拍：双腿伸直呈开立，同时向右转体 90°，左臂向前冲拳，拳心向下，右臂不动。

3 拍：向右转 90°，同时双腿屈膝呈半蹲，左臂向上摆至上举，拳心向前。

4 拍：双腿伸直，同时左臂经侧还原呈下举。

5～8 拍：同 1～4 拍动作，但方向相反。

第四个八拍如下：

1 拍：重心移至左腿呈侧弓步，同时左臂肩侧举，拳心向内。

2 拍：重心移至右腿呈侧弓步，同时左臂伸至侧上举，拳心向外，上体右侧屈。

3 拍：重心移至左腿呈弓步，同时左臂头后屈，拳心向内，右臂侧举，拳心向前。

4 拍：重心移至两腿呈开立，同时双臂经侧还原至下举。

5～8 拍：同 1～4 拍动作，但方向相反。

（5）第五节

第一个八拍如下：

1 拍：重心移至左腿呈侧弓步，同时左臂肩上侧屈，拳心向内，右臂摆至左前下举，拳心向内。

2 拍：重心移至双腿呈开立，同时右臂拉至肩上侧屈，拳心相对。

3～4 拍：同 1～2 拍动作，但方向相反。

5 拍：上体前屈，同时双臂伸至侧举，拳心向下，抬头挺胸。

6 拍：上体抬起，同时双臂摆至体前交叉，拳心向内。

7 拍：同 5 拍动作。

8 拍：还原呈开立，同时双臂下举。

第二个八拍如下：

1 拍：上体左前侧屈，同时双臂上举屈臂，拳心向下。

2 拍：上体移至右前侧屈，手臂动作同 1 拍。

3 拍：上体抬起，同时双臂腰侧屈，拳心向上。

4 拍：同预备姿势。

5～8 拍：同 1～4 拍动作。

第三个八拍如下：

1～2 拍：双臂侧举，拳心向前。

3～4 拍：双臂上举交叉，右臂在前。

5～6 拍：重心移至右腿，左脚尖侧点地，同时上体左侧屈，手臂不动。

7 拍：重心移至左腿，左脚尖侧点地，同时上体右侧屈，手臂保持不动。

8 拍：上体还原，同时双臂上举，拳心向前。

第四个八拍同第三个八拍，但方向相反。

（6）第六节

第一个八拍如下：

1 拍：左脚向前一步，右脚后点地，同时双臂向前冲拳至交叉前举，拳心向下。

2 拍：左腿支撑，右腿前踢，同时双臂侧举后振，掌心向前。

3 拍：同 1 拍动作。

4 拍：左脚并于右脚呈直立，同时双臂置于腰际，拳心向上。

5～8 拍：同 1～4 拍动作，但方向相反。

第二个八拍如下：

1 拍：左脚前出一步，右脚后点地，同时双臂经前摆至侧上举，掌心向内。

2 拍：左腿支撑，前踢右腿，同时双臂摆至前下举，腿下击铃。

3 拍：右腿后迈一步，同时双臂经侧摆至上举，击铃 1 次。

4 拍：左腿并于右腿呈并立，同时双臂经侧还原至下举。

5～8 拍：同 1～4 拍动作，但方向相反。

第三个八拍如下：

1 拍：左脚侧出一步呈开立，同时双臂前举，拳心相对。

2 拍：右腿向侧踢，同时左臂上举，拳心向前，右臂下举，拳心向内。

3 拍：右腿侧迈一步，同时右臂肩上侧屈，拳心向前，左臂经前摆至体侧，拳心向内。

4 拍：左腿并于右腿呈并立，同时双臂还原呈下举。

5～8 拍：同 1～4 拍动作，但方向相反。

第四个八拍如下：

1 拍：左脚向右脚前迈一步，同时双臂向左侧摆，拳心向后。

2 拍：左腿支撑，右腿屈膝向右侧踢，同时双臂经上向右侧摆臂，拳向前。

3 拍：右腿落于左腿后侧，同时双臂经上摆至左侧举，拳心向前。

4拍：左脚并于右脚呈并立，同时双臂还原至下举。

5～8拍：同1～4拍，但方向相反。

（7）第七节

第一个八拍如下：

1～2拍：左脚向侧一步，同时右腿向右屈扣顶左髋，弹振2次，左臂肩侧屈，拳心向内，右臂伸至上举，拳心向内。

3～4拍：同1～2拍动作，但方向相反。

5拍：同1～2拍动作，右臂摆至侧举，拳心向前。

6拍：同5拍动作，但方向相反。

7拍：向左顶髋，同时双臂上举，拳心向前。

8拍：左脚并于右脚呈并立，同时双臂经侧摆至下举。

第二个八拍如下：

1拍：左脚向侧一步，向左顶髋，同时左臂侧举，拳心向前。

2拍：向右顶髋，同时左臂摆至胸前平屈，拳心向内。

3拍：向左顶髋，同时左臂上举，拳心向前。

4拍：向右顶髋，同时左臂侧举，拳心向前。

5拍：向左顶髋，同时左臂头后屈，拳心向前。

6拍：向右顶髋，同时左臂伸直上举，拳心向前。

7拍：向左顶髋，同时双臂前举，拳心向下。

8拍：重心移至两腿呈开立，同时左臂摆至下举。

4. 跑跳哑铃操

（1）第一节

预备姿势：直立，双臂屈肘置于腰际，拳心相对。

第一个八拍如下：

1～3拍：左臂开始原地走3步，手臂保持不动。

4拍：右脚并于左脚呈预备姿势。

5拍：左脚侧伸，脚跟点地呈右腿屈侧弓步，同时双臂经侧摆至上举击铃1次。

6 拍：右腿伸直，左脚并于右脚呈并立，同时双臂经侧还原呈下举。

7 拍：同 5 拍动作，但方向相反。

8 拍：还原呈准备姿势。

第二个八拍如下：

1～4 拍：左脚开始原地走 4 步，同时双臂保持预备姿势。

5 拍：左腿后伸，脚尖点地，呈右腿屈前弓步，同时双臂以肘为轴伸至后举，拳心相对。

6 拍：左脚并于右脚呈并立，同时双臂以肘为轴拉至腰侧屈，拳心相对。

7～8 拍：同 1～2 拍动作，但方向相反。

第三个八拍如下：

1～4 拍：左脚开始原地走 4 步，同时手臂保持预备姿势。

5 拍：左腿向前高抬，同时双臂经肩侧屈至上举，拳心相对。

6 拍：左腿还原成并立，同时双臂拉至腰侧屈，拳心相对。

7～8 拍：同 5～6 拍动作，但方向相反。

第四个八拍如下：

1～4 拍：左脚开始原地走 4 步，同时手臂保持预备姿势。

5 拍：跳呈分腿开立，同时双臂摆至侧举，拳心向下。

6 拍：跳呈并立，同时双臂摆至体侧呈下举。

7～8 拍：同 5～6 拍动作，但方向相反。

（2）第二节

第一个八拍如下：

1～3 拍：左脚开始向前走 3 步，同时双臂前后自然摆动。

4 拍：右脚并于左脚呈并立，同时双臂伸直置于体侧。

5 拍：右腿屈膝，左腿侧伸脚尖点地呈侧弓步，同时两臂经体前交叉绕至上举，头上交叉，左臂在前，拳心向前。

6 拍：左脚并于右脚呈并立，同时双臂经侧绕至体前交叉，右臂在前，拳心向内。

7 拍：同 5 拍动作，但方向相反。

8拍：还原呈准备姿势。

第二个八拍如下：

1拍：左脚侧出一步呈开立，同时双臂侧举，拳心向下。

2拍：右脚经左脚后向左迈一步，同时两手置于腰际，拳心向上。

3拍：同1拍动作，但方向相反。

4拍：右脚并于左脚呈并立，同时双手置于腰际，拳心向上。

5～8拍：同1～4拍动作，但方向相反。

第三个八拍同第一个八拍动作，唯1～4拍向后行进。

第四个八拍同第二个八拍动作。

（3）第三节

预备姿势：直立，双臂屈肘置于腰际，拳心相对。

第一个八拍如下：

1拍：跳起呈分腿蹲立，同时左臂内旋向前冲拳至前举，拳心向下。

2拍：跳起呈并立，同时左臂外旋拉至腰际，同预备姿势。

3拍：同1拍动作，但方向相反。

4拍：同2拍动作。

5～7拍：跳起左脚向右跑3步，向左转体360°，同时双臂前后自然摆臂。

8拍：跳呈并立，同预备姿势。

第二个八拍同第一个八拍动作，唯5～8拍向右转体360°。

第三个八拍如下：

1拍：跳呈分腿开立，同时双臂侧举，拳心向下。

2拍：跳呈并立，同时双臂摆至体侧呈下举。

3拍：跳呈左弓步，同时双臂摆至左侧上举，拳心向下。

4拍：同2拍动作。

5～8拍：同1～4拍动作，但方向相反。

第四个八拍如下：

1拍：跳起呈右侧弓步，同时双臂经前拉至左臂侧举，拳心向前，右臂胸前平屈，拳心向内。

2 拍：跳起呈并立，同时双臂摆至体侧呈下举。

3 拍：跳起呈左侧弓步，同时双臂经前摆至左臂肩上侧屈，拳心向前，右臂侧举，掌心向前。

4 拍：同 2 拍动作，双臂经侧还原。

5 拍：跳起呈分腿开立，同时双臂摆至前举，拳心向下。

6 拍：跳起呈并立，同时双臂摆至体侧呈下举。

7 拍：跳起呈分腿开立，同时双臂摆至侧举，拳心向下。

8 拍：同 2 拍动作。

（4）第四节

第一个八拍如下：

1 拍：上半拍右腿微屈，前吸左腿，同时双臂保持下举动作；下半拍右腿蹬直跳起，同时左腿向前弹踢。

2 拍：左脚落地腿微屈，同时前吸右腿。

3 拍：同 1 拍下半拍动作，但弹踢右腿。

4 拍：同 2 拍动作，但方向相反。

5 拍：同 1 拍动作。

6 拍：跳呈屈膝并立，同时向右转体 90° 。

7 拍：左腿蹬直跳起，同时向右转体 90° ，右腿向前弹踢。

8 拍：同 4 拍动作。

第二个八拍同第一个八拍动作，两个八拍共转体 360° 。

第三个八拍如下：

1 拍：上半拍右腿微屈，侧吸左腿，同时双臂右侧摆；下半拍右脚蹬直跳起，同时左腿向侧弹踢，双臂向左侧摆，拳心向内。

2 拍：左腿落地微屈，侧吸右腿，同时双臂自然下摆。

3～4 拍：同 1～2 拍动作，但方向相反。

5 拍：同 1 拍动作，唯左臂位下摆至侧举，拳心向下，右臂经侧摆至肩上侧屈，拳心向内。

6 拍：同 2 拍动作。

7拍：同5拍动作，但方向相反。

8拍：还原呈准备姿势。

第四个八拍如下：

1～4拍：左脚开始原地跑3次，同时双臂前后自然摆动。

5拍：并腿屈膝呈半蹲，右髋向前摆，同时左臂摆至胸前平屈，拳心向内，右臂摆至侧举，拳心向前。

6拍：同5拍动作，但方向相反。

7拍：同5拍动作，左臂摆至上举，右臂摆至侧举，拳心向前。

8拍：同7拍动作，但方向相反。

（5）第五节

第一个八拍如下：

1～3拍：左脚开始向前走3步，同时双臂前后自然摆臂。

4拍：右脚并于左脚呈直立，同时双臂置于腰际，拳心相对。

5拍：左腿前伸，脚跟点地呈右腿屈后弓步，同时双臂向前上冲拳至交叉前上举，拳心向外。

6拍：左脚并于右脚呈并立，同时双手置于腰际，拳心相对。

7～8拍：同5～6拍动作，但方向相反。

第二个八拍如下：

1拍：左脚向侧出一步呈开立，同时双臂摆至侧举，拳心向下。

2拍：右脚经左脚后向左侧迈一步，同时双臂摆至体侧。

3拍：同1拍动作。

4拍：向左转体90°，左腿屈，右腿在左脚旁点地，同时双手置于腰际，拳心相对。

5拍：左腿保持不动，右腿后伸点地，同时左臂向左上方冲拳，拳心向外。

6拍：左腿保持不动，右腿收至左腿旁点地，同时右臂拉至肩上侧屈。

7拍：同5拍动作。

8拍：向右转体90°，同时右脚并于左脚呈并立，双臂摆至体侧呈下举。

第三个八拍同第一个八拍，但方向相反。

第四个八拍同第一个八拍，唯 1～4 拍向后行进。

（6）第六节

第一个八拍如下：

1 拍：跳起呈分腿开立，同时双臂摆至胸前平屈，拳心向下。

2 拍：跳起呈并立，同时双臂经体前摆至下举。

3 拍：跳起呈开立，同时双臂经侧摆至上举，击铃 1 次。

4 拍：跳起呈开立，同时双臂摆至胸前平屈，拳心向下。

5 拍：跳起向左转体 90° 前弓步，同时左臂摆至侧举，拳心向下，右臂摆至侧上举，拳心向外。

6 拍：跳呈并立，同时双臂摆至胸前平屈，拳心向下。

7 拍：同 5 拍，但方向相反。

8 拍：跳呈并立，同时双臂摆至下举。

第二个八拍如下：

1 拍：跳起呈开立，同时双臂经侧摆至上举，拳心向前。

2 拍：跳起呈右腿支撑，左腿后掖腿，同时双臂拉至肩侧屈，前臂外张，拳心向外。

3～4 拍：同 1～2 拍动作，但方向相反。

5 拍：跳呈分腿开立，同时双臂内旋，向侧下方冲拳至体前交叉举，拳心向内。

6 拍：跳呈并立，同时双手置于腰际，拳心相对。

7 拍：跳起呈分腿开立，同时双臂内旋，向前冲拳至前举，拳心向下。

8 拍：跳呈并立，同时双臂摆至体侧呈下举。

第三个八拍如下：

1 拍：上半拍双膝微屈，下半拍跳起呈分腿开立，同时左臂摆至侧上举，拳心向前，右臂摆至侧下举，拳心向后。

2 拍：跳呈并腿蹲立，同时双臂经侧摆至下举。

3 拍：同 1 拍动作，但方向相反。

4 拍：同 2 拍动作。

5 拍：跳起向左转体 90°，右腿后举，同时左臂摆至前上举，拳心向内，右臂摆至侧举，拳心向后。

6 拍：跳起向右转体 90°，呈并腿蹲立，同时双臂经侧摆至体侧呈下举。

7～8 拍：同 5～6 拍动作，但方向相反。

第四个八拍如下：

1 拍：跳起呈分腿开立，同时双臂胸前交叉屈，拳心向内。

2 拍：跳起呈并立，同时双臂摆至体侧呈侧下举。

3 拍：跳起呈分腿开立，同时双臂经侧摆至上举，拳心向前。

4 拍：跳呈并立，同时双臂经侧还原至下举。

5 拍：跳起前吸右腿，同时双臂经侧摆至侧上举，拳心向外。

6 拍：跳起呈并立，同时双臂经侧摆至体前交叉，拳心向后。

7 拍：同 5 拍动作，但方向相反。

8 拍：跳起呈并立，同时双臂经侧摆至下举。

（三）健身球操的训练

1. 健身球操概述

健身球操是一种新兴、有趣、特殊的体育健身运动。1963 年，健身球操最早出现在瑞士，因此也被称为“瑞士球”，当时只是作为一种康复医疗设备。之后，健身球操又被传到澳大利亚、美国等国家和地区用来治疗颈椎、腰背、膝盖和精神紊乱等疾病，以提高病人的平衡能力。由于健身球操在纠正体态、提高肌肉力量、促进身体平衡、康复功能等方面具有显著作用，因此在 20 世纪 70 年代，这项运动被逐渐推向社会，成为一种新兴的健身项目。

20 世纪 80 年代以来，健身球操逐渐开始在理疗诊所和康复中心普及，一些运动队也把它当成提高运动员平衡稳定能力、预防运动损伤的训练工具。虽然健身球操走进健身房只是近些年的事，但已逐渐风靡。

健身球操流传到中国的时间并不长，只有一二十年的时间。1999 年，健身球操出现在上海等大城市的健身中心；2001年，开始进入广州的各大健身房；如今在北京的一些健身俱乐部也纷纷开设了健身球操课程。这种颜色鲜艳的大球越来越受到健身爱好者的迷恋。

2. 健身球操的基本动作

（1）适应性动作

在进行健身球操的练习之前，要进行一些动作练习，来逐渐适应健身球操的力度和方式。具体来说，适应性的练习主要包括：坐球、躺球以及跪球。

①坐球。坐球是熟悉健身球的第一步。先把球置于靠近墙的位置，双腿尽量分开坐在球的正上方，而耳、肩、臀应在一条线上，做到上述要求以后，可以再让球远离墙壁坐球。

②躺球。躺球这个动作是胸部及臀部练习的重要组成部分，可以很好地锻炼人的臀部、腿部及后背。双腿尽量分开坐在球的正上方，慢慢把腿前移，慢慢将球移至肩部，让臀部抬起与地面平行，颈部与头部很舒服地休息在球上，感觉身体平放于平面上。

③跪球。跪球这个动作是高级平衡的开始阶段，自信并有效地完成这个动作是发展高级平衡的前提。双腿分开站在球前，轻轻地将双膝置于球上，并把双手放在球的上方，把球慢慢前移直到脚离开地面，可以在上面平衡足够长的时间。

（2）稳定性动作

稳定性动作主要包括：屈伸肩带、伸展肩带肌、背肌练习、背部伸展、臀部的抬伸练习、单腿稳定蹲坐、稳定蹲坐。

①屈伸肩带。像做俯撑一样把膝放在球上而双手扶地、夹臂、头与脊柱保持水平，让肩胛尽量展开再收缩。

②伸展肩带肌。使膝在球上而手在地面，动作有点儿像俯撑，臀部不要下垂，让头部与脊柱平行。

③背肌练习。腹前部置于球上，手与脚分别在前后置于地面，让脚离地并控制。

④背部伸展。俯卧于球上，腿尖触地并尽量分开双腿，双手置于体侧，抬起

胸部使其离开球，并将手翻转使手掌心朝上，尽量让肩胛骨靠拢。

⑤臀部的抬伸练习。躺在地上，双脚放在球上，双手置于体侧，手心向下，抬起臀部，让脚、肩在一条直线上。

⑥单腿稳定蹲坐。站在离墙 1～2 米处，把球放在下背部与墙之间，提起一条腿，并让大小腿的夹角呈 90°，慢慢下蹲，另一条腿直到大腿与地面平行，双手侧平举。

⑦稳定蹲坐。站在离墙 1～2 米处，然后转身把球放在身体下背部与墙之间，人往下蹲，直到大腿与地面平行，膝盖对准脚尖方向，保持这个姿势，手不要放在大腿上，而是伸展在体前。

3. 健身球操组合动作

本组合共有 32 个 8 拍的动作。

预备动作：侧立，双手抱球于体前，面向 7 点方向。

（1）组合动作一（4×8 拍）

第一个八拍如下：

1～2 拍：左右脚依次原地踏步，一拍一动，同时双臂抱球前平举。

3～4 拍：脚同上，右转 90°，手还原。

5～8 拍：脚同上，同时两臂上举，还原。

第二个八拍如下：

1～4 拍：左右脚依次原地踏步，同时双臂抱球，依次自左侧平举，之后还原，向右侧平举，之后还原，一拍一动。

5～8 拍：左右脚依次原地踏步，同时双臂抱球从左侧开始绕环一周。

第三个八拍如下：

1～4 拍：左脚向侧点地，还原，同时双臂抱球于右斜上方举，还原，两拍一动。

5～6 拍：左脚向侧并步跳，同时双臂抱球从右侧开始绕环一周。

7～8 拍：右脚并左脚。

第四个八拍同第三个八拍动作，但方向相反。

（2）组合动作二（8×8 拍）

第一个八拍如下：

1～2 拍：双手持球放于地上。

3～4 拍：左手拨球滚至身后，球贴近身体。

5～8 拍：左脚向侧迈一步呈马步，坐于球上，两拍一动。

第二个八拍如下：

1～8 拍：左右手臂依次从体侧至上举，之后还原，两拍一动。

第三个八拍如下：

1～4 拍：左脚伸直侧点地，左臂上举，右手扶腿，向右稍侧屈，还原。

5～8 拍：同 1～4 拍动作，但方向相反。

第四个八拍如下：

1～8 拍：左右脚依次提踵，同时左右肩依次提肩，两拍一动。

第五个八拍如下：

1～8 拍：双脚同时提踵，同时双肩向上提肩，两拍一动。

第六个八拍如下：

1～8 拍：含胸时双臂胸前交叉，展胸时两臂向后振臂，手心向上。

第七个八拍如下：

1～4 拍：向左右依次提臀，同时带动球滚动，双臂侧平举。

5～8 拍：臀部从右往左绕环一周，同时带动球滚动，双臂从前开始往后绕环。

第八个八拍同第七个八拍动作，但方向相反。

（3）组合动作三（5×8 拍）

第一个八拍如下：

1～8 拍：坐于球上，向左慢慢移动身体，面向 7 点方向。

第二个八拍如下：

1～2 拍：双臂于体后侧触球。

3～4 拍：伸直两腿。

5～8 拍：双手于体侧撑地，同时身体后倒，躺于球上，控制平衡。

第三个八拍如下：

1～8 拍：左腿慢慢地向上抬起，之后还原。

第四个八拍同第二个八拍动作，但方向相反。

第五个八拍如下：

1～4 拍：双腿屈膝半蹲，带动球往前移动，球贴于后背，同时双臂胸前屈。

5～8 拍：双腿伸直，带动球往后移动，躺于球上，同时双臂侧半举。

（4）组合动作四（5×8 拍）

第一个八拍如下：

1～2 拍：双手于体侧扶球。

3～4 拍：双腿收回呈马步，同时身体慢慢抬起。

5～6 拍：身体立直。

7～8 拍：坐于球上。

第二个八拍如下：

1～4 拍：左腿前抬，同时右臂前平举，还原，两拍一动。

5～8 拍：同 1～4 拍动作，但方向相反。

第三个八拍如下：

1～4 拍：左腿侧抬，还原。

5～8 拍：同 1～4 拍动作，但方向相反。

第四个八拍如下：

1～8 拍：坐于球上慢慢向右移动身体，右转 90°，面向 1 点方向。

第五个八拍如下：

1～2 拍：直立。

3～4 拍：左脚并右脚，左手扶球。

5～6 拍：半蹲，用左手拨球滚至体前。

7～8 拍：两臂抱球，直立。

（5）组合动作五（8×8 拍）

第一个八拍如下：

1～4 拍：向前走 4 步，同时慢慢降低身体重心，双臂抱球从腹前慢慢上举。

5～8 拍：同 1～4 拍动作，但方向相反。

第二个八拍如下：

1～8 拍：左右脚依次向侧迈出一步，或马步，双臂抱球侧举，两拍一动。

第三、四个八拍同第一、二个八拍动作。

第五个八拍如下：

1～4 拍：左脚向侧迈出一步同时向后顶髋，右脚并左脚，同时双手抱球左侧前举，之后收回于体侧，一拍一动，面向 7 点方向。

5～8 拍：左右脚依次原地做登山步，同时双臂抱球依次左右侧斜下举，面向 1 点方向。

第六个八拍同第五个八拍动作，但方向相反。

第七个八拍如下：

1～4 拍：右脚向左斜 45° 方向行进间侧摆腿跳 2 次，同时双臂抱球于侧上，还原，一拍一动，面向 8 点方向。

5～8 拍：左右脚依次原地做登山步，同时双臂抱球依次左右侧斜下，两拍一动，面向 1 点方向。

第八个八拍同第七个八拍动作，但方向相反。

（6）组合动作六（2×8 拍）

第一个八拍如下：

1～2 拍：左脚向后侧一步呈右弓步，同时双臂抱球前上举。

3～4 拍：左脚并右脚，同时双臂抱球于腹前。

5～8 拍：并腿半蹲，双臂持球头上举，之后收回。

第二个八拍同第一个八拍，方向相反。

第二节 高校竞技健美操训练

竞技健美操是高水平的健美操比赛，以竞赛夺冠、争取优胜为直接目的。竞技健美操会受到竞赛规则的限制，有特定的竞技规则，必须按照特定的规则要求组织编排、进行训练和比赛。随着竞技健美操运动在高校的广泛开展，竞技健美操运动在高校的训练也得到越来越多人的重视。

一、高校竞技健美操基本动作训练

（一）身体基本姿态训练方法研究

竞技健美操的基本姿态是指做动作时，头、手、臂、躯干、腿和脚等身体各个部位所处的位置符合标准姿态。标准的基本姿态是高质量地完成竞技健美操专项动作的基本条件，高校学生要掌握标准的基本姿态，必须经过长期训练。

比赛中，优美标准的身体姿态不仅是评分因素之一，直接影响着比赛的运动成绩，而且也可以给裁判员留下良好的印象。因此，要对基本姿态的训练给予足够的重视。

1. 规则要求

基本姿态方面，规则要求躯干、后背、骨盆稳定，腹肌收缩。全部动作需要表现规范的身体姿态，没有关节的过分伸展。

2. 训练内容与方法

（1）站立姿态训练

站立是竞技健美操最简单也是最基本的动作姿势，是任何动态专项运动的基础。竞技健美操站立姿态要正直挺拔，抬头挺胸，沉肩夹背，大腿、腹部、臀部内收，表现出气宇轩昂、富有朝气的良好气质和形态。站立姿态训练中，要通过直观教学，使学生对站立姿态的正确位置有一个清晰的动作表象。每次训练课要安排 10 分钟左右的基本站立姿态训练的针对性训练。训练中教师应该及时纠正学生的错误动作。

①颈部练习。颈部自然挺直，微收下颌，眼视前方，头部保持正直。可放一本书在头上，保持平衡，并能在保持平衡的基础上进行移动练习。

②肩部练习。将双肩垂直向上耸起，直到双肩有酸痛感后再把双肩用力下垂。反复练习，练习结束后再充分放松。

③臀部练习。双脚并拢站立，躯干保持直立。脚掌用力下压，臀部和大腿肌肉用力收紧，并略微向上提髋。进行反复练习。

④腹部练习。在收紧臀部的同时，使腹部尽量用力向内收紧，并用力向上提气，促使身体提高，坚持片刻，然后放松。进行反复练习。

⑤背靠墙站立姿态练习。双脚并拢，同时头、肩胛骨和臀贴墙壁，足跟离墙3厘米左右。注意用胸式呼吸，在提气中做此动作。做此练习时，双腿夹紧，收腹挺胸，立腰立背，紧臀，肩胛骨下旋，同时双肩下沉，下颌略回收，头向上顶，背部呈一平面。

⑥站立姿态练习。在背靠墙站立姿态练习的基础上，脱离墙的支撑，体会站立时肌肉的细微感觉。进行反复练习，注意呼吸的均衡。

（2）头部姿态训练

头部姿态往往能表现出竞技健美操专项动作的韵味。准确优美的头部姿态，与身体各部位动作的协调统一，再配合眼神和面部表情达到神态美和形态美的有机结合，动作才会富有表现力。

①低头练习。双手叉腰，立正站好。挺胸，下颌贴住锁骨窝处，颈部伸长，然后还原。速度先慢后快，注意体会低头时肌肉的控制感觉。

②抬头练习。双手叉腰，立正站好。头颈后屈，然后还原。速度先慢后快，注意体会抬头时肌肉的控制感觉。

③左转练习。双手叉腰，立正站好。头向左转动，下颌对准左肩，然后还原。速度先慢后快，注意体会左转头时肌肉的控制感觉。

④右转练习。双手叉腰，立正站好。头向右转动，下颌对准右肩，然后还原。速度先慢后快，注意体会右转头时肌肉的控制感觉。

⑤左侧屈练习。双手叉腰，立正站好。头向左侧屈（左耳向左肩的方向），然后还原。

⑥右侧屈练习。双手叉腰，立正站好。头向右侧屈（右耳向右肩的方向），然后还原。

（3）上肢姿态训练

上肢姿态非常重要，有直臂和屈臂两种，表现为直线和曲线两种基本动作形式。手臂的表现力通过手臂的线条、力度的变化以及由静到动的节奏形式体现，它是高校学生最难驾驭和体会的。训练中，可采用把杆或其他形体训练中的上肢姿态训练，同时应该强调上肢动作力度、幅度和控制能力，使学生体会正确的上臂肌肉感觉、动作发力方法和发力顺序。

①基本掌型练习。本掌型分为五指分开和五指并拢两种类型。在竞技健美操中，五指分开手型的基本要求是五指伸直用力到指尖，尽量分开至手掌的最大面积，且在同一平面上，五指并拢手型的基本要求是五指并拢，大拇指第一指关节略弯曲，其他四指伸直，五指保持在同一平面内。在训练过程中，首先要根据基本掌型的要求将掌型控制好，再进行不同平面上的掌型训练。

②拳的练习。拳在竞技健美操中也是比较常用的一种手型，相对于其他的手形更加能表现出动作力度的感觉，常用的是实心拳。

③指的练习。随着竞技健美操的发展，其动作越来越丰富，开始出现了手指的造型。常用的有剑指，即大拇指、无名指和小拇指弯曲，食指和中指并拢伸直。

④特殊风格手形练习。竞技健美操音乐的多样化，决定了表现其风格的手形动作的多样化。由于吸收不同文化的指导，出现了西班牙手形和阿拉伯手形等特殊风格的手形，这些手形练习在训练中是十分必要的。

⑤双臂前举练习。双臂由下举向前绕至前举，五指并拢或分开，掌心相对或向上、向下、握拳等。

⑥双臂上举练习。双臂经前绕至上举。

⑦双臂侧举练习。双臂经侧绕至侧举。掌心可向上或向下。

⑧双臂后举练习。双臂经前向后绕至后下举，手臂尽量向后。

⑨双臂前上举练习。双臂经前绕至与前举与上举夹角为45° 的位置或前侧上举。

⑩双臂前下举练习。双臂经前绕至与前举与下举夹角为45° 的位置或前侧下举。

⑪ 双臂胸前平屈练习。双臂屈肘至胸前，大小臂都与地面平行，前臂平行于额状轴，小臂距胸 10 厘米左右。

⑫ 双臂侧举屈肘练习。双臂侧举同时屈肘，使前臂和上臂呈 90°。

（4）躯干姿态训练

躯干姿态主要包括胸、腰和臀部的动作形态，因而训练也主要针对相应的部位。竞技健美操专项动作要求躯干挺拔，在完成动作的过程中腰腹收紧，不能松懈，背部、臀部夹紧内收。躯干姿态训练要集中于腹肌的力量训练和胸部的柔韧性训练上，同时注意提高动作的控制力。

第一为躯干稳定性训练，具体方式如下：

①负重仰卧起坐。仰卧，两手持实心球控制于胸前，使球尽量接近下颌。可根据高校学生的实际肌力水平，采用不同重量的实心球，一般采用 2 千克或 3 千克的。经过一段时间训练，可以逐步增加实心球的重量。由仰卧至起坐的过程是腰腹肌做克制（向心）工作，完成时速度要稍快些；由坐起再返回到仰卧姿势，腰腹肌则是做退让（离心）工作。身体回倒时速度放慢，一般是控制在起坐时间的一倍为宜；如果速度过快，动作的实质是以重力来完成的，这样腰腹肌锻炼效果就大大减小了。这种练习腰腹肌的方法收缩强度较大，训练时要注意负荷重量和起坐的适宜速度。

②健身球俯卧撑。俯卧，双手撑地支撑起身体，双脚背放于健身球上，含胸收腹。可根据高校学生的实际肌力水平调整双臂和健身球的距离，一般是一臂半的距离。经过一段时间的训练，可以逐步增大距离。双臂由直臂到屈臂，躯干是做退让（离心）工作，身体下降时速度放慢，一般是控制在向上时间的一倍为宜，如果下降的速度过快，动作的实质是以重力来完成的，这样对躯干稳定性的锻炼效果就大大减小了。双臂由屈臂到直臂的过程是躯干做克制（向心）工作，完成时速度要稍快些，这种方法要求控制能力强度较大，训练时要注意躯干的稳定和俯卧撑的适宜速度。

第二为躯干灵活性训练，具体方式如下：

首先做左右依次提肩，同时提双肩，左右依次前后绕肩和双肩同时绕等肩关节运动，再做顶髋、绕髋等髋关节运动。

其次做躯干前后左右的移动练习。以提高躯干、肩、髋关节的灵活性。

（5）下肢姿态训练

下肢姿态应腿内收、开胯、直膝、绷脚尖。训练下肢姿态，可选用把杆练习，发展腿部肌肉的力量、速度和下肢关节的灵活性。

竞技健美操基本姿态可以利用徒手体操练习来进行训练，因为徒手体操动作横平竖直的特点与竞技健美操动作的用力感有相同之处。

（二）基本技术训练方法研究

1. 基本轴的控制训练

人体基本轴分为垂直轴、额状轴和矢状轴。控制基本轴，不仅是为了提高动作的可观赏性，正确地完成技术动作，也是完成难度动作时自我保护的一种方法。在竞技性健美操各种轴的控制中，人体垂直轴的控制最重要，其控制训练方法如下所述：

（1）背靠墙站立控制训练

双脚并拢，背靠墙站立，同时后脑、双肩、背、臀和小腿紧贴墙壁，足跟离墙 3 厘米左右。要求双腿及臀部夹紧，收腹挺胸，立腰立背，肩胛骨下旋同时双肩下沉，下颌微收，头向上顶，背部呈一平面。初学者 1 分钟 1 组，每次练习 2 组。

（2）站立控制训练

双腿夹紧，收腹挺胸，立腰立背，肩胛骨下旋同时双肩下沉，在没有墙壁支撑的情况下进行练习。身体用力感与有墙面支撑物相同，不断体会这种身体姿态的感觉。初学者 1 分钟 1 组，每次练习 2 组。

（3）双手叉腰提踵站立控制训练

在站立控制练习的基础上，双手叉腰，同时双足提踵，使人体在提高重心的情况下进一步提高身体垂直轴的控制能力。体会后背的感觉和身体垂直轴的控制。初学者 1 分钟 1 组，每次练习 2 组。

（4）双手叉腰提踵行进间垂直轴控制训练

在双手叉腰提踵站立控制训练的基础上，提踵行进间走，可向前或向后行走。使人体在移动重心的情况下进行垂直轴控制练习，单手扶把杆进行练习，徒手练习。初学者 10 米 1 组，每次练习 1～2 组。

（5）原地纵跳控制训练

在站立控制练习的基础上，双膝微屈，蹬地向上，借助踝关节力量，向上纵跳。在动作过程中，体会腰腹、臀部收紧，身体呈一条直线，感受身体垂直轴的控制。要求做该动作时要注意提气、收腹、立腰，头尽量往上顶，同时注意落地缓冲。初学者 8～10 个 1 组，每次练习 1～2 组。

（6）负重原地纵跳控制训练

在原地纵跳控制练习的基础上，脚踝关节上绑上沙包，使人体在增加负荷的情况下进行身体垂直轴控制练习。初学者 8～10 个 1 组，每次练习 1～2 组。

（7）原地纵跳转体 90° 控制训练

在原地纵跳控制练习的基础上，起跳腾空后向左或右转 90° 同时手臂可做一些辅助的动作，如借助起跳手臂顺势上举等。轴的控制能力增强后，可增加转体的角度进行训练。做该动作时要注意身体的基本姿态，在转体的瞬间注意垂直轴的控制。初学者 3 个 1 组，每次练习 2 组。

（8）小组合训练

安排一些左右移动的组合动作和重心上下移动的组合动作进行垂直轴的控制练习，同时配合一定的音乐，要求在运动过程中保持身体垂直轴的稳定。随着控制能力的增强，可以适当加快音乐速度进行训练。初学者安排简单的组合动作进行练习，4×8 拍 1 组，练习 1～2 组。

2. 弹动技术训练

弹动技术是竞技健美操最重要的技术之一，主要依靠踝、膝、髋关节的屈伸缓冲而产生，作用在于减少运动对关节的冲力，从而减少运动对人体造成的损伤。弹动屈伸的过程中，腿部肌肉要协调用力控制才能有效地防止损伤与产生流畅的缓冲动作，参与运动的肌群在整个运动过程中要得到控制，使运动变得流畅。

在弹动缓冲动作训练时，可以先练习踝关节的屈伸动作：双腿原地直垂，身体正直，立踵、落踵。在充分掌握了踝关节的屈伸之后是膝与髋关节的弹动训练，双腿原地直立，身体正直，屈膝半蹲，膝关节垂线不要超出脚尖，同时髋关节稍屈。在做髋关节运动时，身体稍向前倾，但臀部不要向后翘。这两部分的动作做熟练了，可以连起来，使之形成完整的弹动与缓冲。在踝关节的缓冲时主要参与运动的是小腿后部肌群，而膝关节、髋关节的运动主要由大腿、臀部、腹部、腰部肌群参加运动。完成各关节原地的弹动训练后，再配合健美操的基本步法进行弹动训练。

竞技健美操的弹动体现在动作节奏与音乐节奏相结合方面。成套动作过程中，重心的上下节奏感的起伏是流畅完成成套竞技健美操动作的基础和前提。基本技术水平越高，体现出弹动的技术越扎实。学生的音乐节奏感与动作的节律协调一致，才能够体现健美操风格。弹动技术训练的主要方法如下：

（1）踏步训练

首先进行一般性踏步训练——直立，由脚尖过渡到全脚掌落地，支撑腿落地时膝关节伸直，双臂屈肘于体侧，前后自然摆动。然后进行弹动性踏步训练，脚尖接触地面后，踝关节有控制地过渡到全脚掌，支撑腿落地时膝关节微屈，使双腿有同时屈膝的过程，双臂屈肘于体侧前后自然摆动。

（2）蹬伸训练

一脚踏在踏板上，然后用力快速向上蹬直，保持身体垂直轴的控制，双腿依次进行。

（3）负重蹬伸训练

小腿绑沙包做蹬伸练习，使身体在增加负荷的情况下进行练习。两腿依次进行，反复练习。

（4）负重提踵训练

单脚或双脚站在踏板上，并在踝关节绑上沙包做提踵练习，做该动作时要借助脚踝的力量往上提。

（5）原地屈膝弹动训练

根据音乐节拍有节奏地屈伸踝、膝关节，脚尖不离地面。手臂随下肢做一些辅助动作（如叉腰或手臂同时前后摆动等）。音乐节奏可采取先慢后快的方式，进行反复练习。

（6）弹动纵跳训练

1～2 拍原地屈膝弹动，手臂配合下肢同时前后摆动。3 拍向上纵跳，手臂顺势上摆至上举。4 拍落地缓冲，手臂顺势下摆至体侧。

（7）负重连续纵跳训练

在脚踝关节上绑上沙包，然后半蹲，手臂后摆，足蹬伸时往上纵跳，手臂顺势往上摆动，落地后屈膝缓冲，紧接着继续往上纵跳，连续不断进行，落地时注意缓冲，起跳后身体收紧。

（8）踏步训练

上体直立，脚踏下时脚尖过渡到全脚掌落地，支撑腿落地时膝关节伸直，双臂屈肘体侧自然前后摆动。再进行弹动性踏步训练，脚尖接触地面后踝关节有控制地过渡到全脚掌，支撑腿落地时膝关节微屈，使双腿有同时屈膝的过程，双臂屈肘体侧自然前后摆动。

（9）弹踢训练

一条支撑腿膝、踝关节弹动的同时，另一条腿有控制地进行弹踢小腿，要求膝、踝关节有控制地伸展。可进行单腿不间断地弹踢，也可两条腿交替练习。在两条腿交替弹踢的过程中，支撑腿踝关节始终保持有弹性地屈伸，原地动作练得熟练且有一定弹性时，可以进行行进间的弹踢训练。

（10）吸腿跳和跳踢腿训练

吸腿跳和跳踢腿主要训练支撑腿的膝、踝关节弹动性，支撑腿膝、踝关节发力弹动的同时，另一条腿提膝或大踢腿，支撑腿踝关节始终不完全落地，有控制地弹动，膝关节也没有完全伸直的过程，始终保持微屈的弹动状态。先连续吸或踢一条腿，之后再交换腿进行吸腿跳和跳踢腿。

（11）开合跳训练

开合跳的弹动性体现在双腿分开与双腿并拢的两处弹动上。先做双腿开立位置上的弹动训练，再做双腿并拢位置上的弹动训练，最后做一开一合的连续开合跳练习。

（12）原地连续小纵跳训练

双脚并拢，脚跟随音乐节奏抬起落下，脚尖稍离开地面，双臂屈肘于体侧前后自然摆动，做踝关节屈伸训练。

（13）原地膝、踝关节弹动性训练

双脚并拢，脚尖随着音乐节奏抬起落下，同时膝关节伸直、弯曲，脚跟始终不离开地面，双臂屈肘于体侧，前后自然摆动做踝关节屈伸练习。竞技健美操身体弹动技术训练时，要注意将身体弹动的节律性与音乐的节奏相吻合，弹动时还要保持标准的身体姿态。

3. 移动重心训练

竞技健美操运动过程要稳定，平衡是保证运动安全、平衡与流畅的重要因素之一。重心随着人的运动产生变化，运动中应尽可能地保持重心平稳。以下是重心训练的一些练习方法：

（1）半蹲移重心练习

双手叉腰呈半蹲姿势。第 1 拍向左移重心，屈膝，膝关节朝着脚尖的方向，同时右腿蹬直；第 2、4 拍还原呈预备姿势；第 3 拍向右移重心，动作同第 1 拍，但方向相反。做此练习时要求上体保持基本姿势，挺胸、收腹、立腰紧臀。

（2）向前移重心练习

双手叉腰，立正站好。左腿前擦地，右腿蹬地，重心迅速前移呈右腿后点地。收右腿还原呈预备姿势。反方向重复做一次。做此练习时，双腿伸直，蹬地移重心。保持上体姿态，脚面外翻。

（3）向侧移重心练习

双手叉腰，立正站好。左腿侧擦地，右腿蹬地，重心迅速侧移呈右腿侧点地。收右腿还原呈预备姿势。反方向重复做一次。做此练习时，双腿伸直，蹬地移重心。保持上体姿态，脚面向侧。

（4）向后移重心练习

双手叉腰，立正站好。左腿后擦地，右腿蹬地，重心迅速后移呈右腿前点地。收右腿还原呈预备姿势。反方向重复做一次。做此练习时，双腿伸直，蹬地移重心。保持上体姿态，脚面外翻。

（5）向侧移重心转体练习

双手叉腰，立正站好。左腿擦地侧移，双腿屈膝半蹲。从右向左后转成右脚侧点地。收右脚呈预备姿势。反方向重复做一次。做此练习时，保持挺胸、收腹、立腰、立背的上体形态。双腿伸直，蹬地移重心。保持上体姿态，脚面外翻。移重心转体要控制重心的稳定，脚面向侧。

（6）交叉步移重心练习

双手叉腰，立正站好。第 1 拍左腿向侧擦地；第 2 拍右腿蹬地，同时重心左移，右腿交叉于左腿后；第 3 拍两腿伸直，左腿向侧擦地；第 4 拍右腿蹬地，同时重心再一次左移，右腿并左腿呈预备姿势；第 5～8 拍反方向再重复做一次。做此练习时，上体保持基本姿势，向侧擦地时，双腿伸直，脚面向侧。

（7）“V”字步移重心练习

双手叉腰，立正站好。第 1 拍左腿向斜前方擦地，着地后双腿屈膝；第 2 拍右腿蹬地向斜前方擦地，呈半蹲姿势；第 3 拍左腿向右后方擦地；第 4 拍右腿并左腿呈预备姿势；第 5～8 拍反方向重复做一次。做此练习时，上体保持基本姿态，每做一拍动作，重心都将移至双腿之间，屈膝时膝关节朝着脚尖方向。擦地时注意绷脚尖。

（8）并步跳移重心练习

左脚前三位站立，双臂侧举。左脚向前上步，同时稍屈膝，重心随之前移。接着左脚蹬地跳起，同时右脚向左脚并拢，空中呈三位脚，右脚落地。做此练习时注意保持好上体姿态，挺胸、收腹、立腰，控制好重心。

（三）动作方位训练方法研究

1. 动作方位的定义和意义

动作方位是指动作在完成过程中相对于空间和身体部位的方向和位置。提高学生的动作方位也就是要提高学生空间感的准确性。竞技健美操作为大学体操科的一种，可以沿用体操中动作坐标系来判断动作方位，帮助学生分析动作完成的角度和方向的准确性。在训练时，应该明确每个动作在完成过程中的准确性，如手臂所在的平面、角度和高度，下肢的站位和空间位移的角度、弧度、高度等，这样才能准确地完成每一个动作，使动作标准规范。动作方位对于完成成套动作中的每一个动作都是十分重要的，竞技健美操中强调动作“准确到位”，就是指动作方位的准确性。高校竞技健美操基本动作的方位控制不仅表现在肢体准确地到达某一预定位置，而且表现为动作过程路线的准确清晰。动作方位的控制能力体现着大学生自身对空间位置及运动时间的感知能力。许多观点认为，多次重复训练能够有效地提高人体对时间和空间的感知能力，形成准确的方位控制能力。

2. 动作方位训练

（1）镜面方位校对性训练

在高校竞技健美操运动中，镜面方位校对性训练不仅是指学生面对镜子练习动作的准确性，也指学生相互或面对教师完成体操动作的训练。镜面方位校对性训练可以清楚、准确地帮助学生建立正确的动作方位感，使学生对自己容易犯错的动作角度、高度、弧度和动作方位有清晰的认知，这样可以及时纠正和调节学生的方位错觉，使学生在较短的时间内提高动作的准确性，建立标准的方位感。

（2）定位训练

定位训练是指高校学生在竞技健美操运动训练体操动作的过程中，对每一拍上肢动作和下肢动作都要求达到规定位置的训练。开始训练时可放慢动作节奏，使学生充分感知动作在规定位置的感觉，等学生能够习惯性地达到定位点后，再加快动作节奏直至比赛要求的速度。此外，教师还可以在定位点设置障碍物，帮助学生建立方位感。定位训练容易出现僵硬的动作和机器式的动作感觉，所以定位训练应该注意调动学生的动作表现力，在定位中强调动作发力和制动的感觉。

（3）正确的感知觉训练

动作是否准确到位的一个决定因素在于学生动作感知的准确性，学生形成正确的感知觉是完成动作的先决条件。在日常训练中，正确的感知觉训练首先是让学生对动作的方位建立一个准确的表象，对每个动作的每个环节都形成清晰的表象，其次通过支配身体具体部位在自我感知的情况下完成动作，最终以镜面校对检查自我感知觉的准确性。通过反复训练学生的这种正确方位的感知觉能力，可以使学生神经支配肌肉的能力更准确、更精细，从而提高学生的神经支配肌肉的能力。

（四）动作幅度训练方法研究

1. 动作幅度的定义和意义

动作幅度是指动作构成的空间位置，体现为动作的开始和结束之间的动作路线的长短。动作路线长，动作幅度相应增大；动作路线短，动作幅度相应减小。动作幅度的大小首先取决于学生关节、韧带和肌肉的灵活性与弹性，其次与动作路线选择和学生个体的表现力也有着直接的关系。

竞技健美操属于技能主导类项目，所以对动作的规范性和艺术性要求很高。动作幅度是体现艺术性的一个重要组成部分，在竞技健美操竞赛规则中，明确指出竞技健美操的动作完成质量取决于心血管系统的耐力和肌肉耐力，成套动作完成质量取决于运动强度，强度又取决于动作幅度、动作速度等各种因素。在比赛中，出现动作幅度减小而降低动作强度是要扣分的。因此，提高动作幅度是表现竞技健美操项目特征的重要因素。

2. 运动幅度训练

（1）皮筋训练法

第一，上肢动作训练。

①腕屈伸。双腿站在橡皮筋中央，双手握住橡皮筋两头，侧举，拉紧橡皮筋。腕屈时，拳心向上，双手克服橡皮筋的拉力向上屈；腕伸时，拳心向下，双手克服橡皮筋的拉力向上伸。腕屈伸训练可发展前臂肌肉力量。腕屈伸训练应注意拳心的方向，使屈伸方向与橡皮筋拉力方向相反。

②腕外展内收。双腿站在橡皮筋中央，双手握住橡皮筋两头，侧举，拉紧橡皮筋。外展时，立拳，拳心向前，手腕用力方向与拉力方向相反；内收时，立拳，拳心向后，手腕用力方向与拉力方向相反。腕外展内收训练可发展前臂肌肉力量。腕外展内收训练应注意手腕与前臂在同一平面内运动。

③臂外展。双腿站在橡皮筋中央，双手握住两头，双臂放于体侧，拉紧橡皮筋，双臂经体侧向上运动，再放下。臂外展运动时发展三角肌、胸大肌等肌肉力量。臂外展训练应注意两臂始终与身体在同一平面内。向上和放下的速度应有所控制，匀速上下。

④前臂屈伸。双腿站在橡皮筋中央，双手握住两头，放于体前，拉紧橡皮筋，上臂固定，前臂屈，再伸至原位。前臂屈伸训练可发展肱二头肌、肱三头肌等肌肉力量。前臂屈伸训练应注意上臂要固定，不可跟随前臂运动，以免减轻锻炼效

果。运动速度应有所控制，匀速屈伸。

⑤上臂屈伸。双腿站在橡皮筋中央，双手握住两头，双臂放于体侧，拳心相对。臂屈时，直臂向前抬起，拉紧橡皮筋，再放下；臂伸时，直臂向后抬起，拉紧皮筋，再放下。直臂屈伸训练可发展胸大肌、肱二头肌等肌肉力量。上臂屈伸训练应注意臂屈伸时，向前屈和向后伸的幅度应尽量增大，以增加训练效果。此外，运动速度应有所控制，匀速运动。

第二，腹背部动作训练。

①体侧屈。双腿分开站在橡皮筋中央，一只手握住橡皮筋一端，另一只手放松于体侧，拉紧橡皮筋。上体向另一侧屈，还原，再换另一只手握住橡皮筋练习。体侧屈训练可发展腹直肌、腹外斜肌、腹内斜肌肌肉力量。体侧屈训练应注意两腿伸直，身体和手臂在同一平面内。

②体前屈。双腿分开站在橡皮筋中央，橡皮筋经体后至头后，双臂屈肘，头后握住橡皮筋两头，上体向前屈，再起来。体前屈训练可锻炼腹背肌力量。体前屈训练应注意双腿伸直，上体向上起时运动速度不可太快，应有控制地匀速上下。

第三，下肢动作训练。

双腿分开站在橡皮筋中央，橡皮筋经体后至头后，双臂屈肘，头后握住橡皮筋两头，拉紧橡皮筋，双腿屈膝下蹲，再站起。下蹲动作可发展臀部、腿部力量。下蹲训练应注意下蹲时橡皮筋拉紧，腰腹收紧，下蹲速度应有所控制，不可太快。起来时可加快速度。

（2）不同幅度的动作组合训练

提高运动幅度的训练首先应该让学生明确动作幅度大与动作幅度小的区别，体会和理解这种区别是提高运动幅度的关键。在具体的操作过程中，一般选择不同运动幅度的体操动作进行反复多次的重复性练习，以提高学生的运动幅度。其次，应该注意的是，在训练过程中，教师应该强调，让学生尽量体会大幅度运动的动作知觉，体会完成大幅度动作的过程，体会正确的动作路线以及各关节、肌肉和韧带或关节撑拉和伸展程度，建立大幅度运动的正确动作路线和关节韧带的牵拉程度动作知觉，从而提高运动幅度。动作幅度小，对机体的刺激会较小，而较大幅度的动作会给机体较大的刺激，运动强度也较大，所以，在学生完成同样的动作时，动作幅度小感觉会轻松，而动作幅度大感觉会比较吃力。通过大小运动幅度给机体产生刺激的不同以及完成同样动作后的感觉的不同，使学生充分体会大小运动幅度的差异性，以加深学生对大幅度运动的感觉，有效提高运动幅度。

（3）身体柔韧性训练

高校竞技健美操运动幅度的大小与大学生各关节的柔韧性也有着密切的联系，加强柔韧性训练是提高运动幅度的有效方法之一。提高运动幅度的训练中主要以发展肩关节、髋关节的柔韧性为主。通常采用的训练方法有以下几种：

第一，发展上肢柔韧性训练方法。①各种徒手体操中活动肩、肘、髋关节的动作。②双手向后握肋木向前探肩。③双手握肋木直臂压肩。④与同伴互扶俯身正侧压肩。

第二，发展下肢柔韧性训练方法。①正压腿。支撑腿脚尖朝正前方，膝关节伸直，髋关节摆正，抬头挺胸屈上体。②侧压腿。支撑腿脚尖膝盖所朝方向与被压腿方向呈 90°，膝关节伸直，髋关节充分展开，抬头挺胸侧屈上体。③后压腿。髋关节摆正，屈支撑腿，抬头挺胸上体后仰压胯。④劈叉控腿。左腿在前或右腿在前，以劈叉的姿势保持不动，控制 5 分钟。练习水平高者可架高劈叉控腿。

第三，发展躯干柔韧性训练方法。①体侧屈。双脚并拢或开立与肩同宽，双手举起于头顶上互撑，由手带动躯干侧屈直到极限，保持该拉伸状态 10 秒。②体后屈，双手握肋木，双脚并拢或开立与肩同宽，抬头挺胸上体后仰到最大限度位置保持 10 秒。③体转。双脚并拢或开立与肩同宽，双肩侧平举，向左转动时以左肩带动躯干左转到极限，控制 10 秒，向右转动时以右肩带动躯干右转到极限，保持 10 秒。

（五）动作速度训练方法研究

1. 动作速度的定义和意义

动作速度属于速度素质的一种，是指人体或人体的某一部分快速完成某一个动作的能力。动作速度是技术动作不可缺少的要素，表现为人体完成某一技术动作时的摆动速度、击打速度、踢腿速度和蹬身速度等，也包括连续完成单个动作在单位时间里的位移或重复次数的多少。

在竞技健美操中，强调动作速度训练，主要是提高学生快速发力的动作感，也是提高成套运动强度的主要环节。动作速度主要表现在动作完成的快慢和动作发力的快慢。动作速度是在完成动作的过程中得以体现的，而动作力度不仅体现在过程中，也体现在完成动作的瞬间制动上。

2. 动作速度训练

（1）利用外界助力提高动作速度

在进行基本的高校竞技健美操动作训练过程中，教师可利用外界助力提高学生完成某一动作的速度，然后使学生体会快速运动的动作感觉。教师在使用助力训练时，应该掌握好提供助力的时机以及用力的大小，同时，应该使学生体会在助力的作用下，动作完成的时间和用力的大小，以便更好地帮助他们独立达到动作速度的要求。

（2）变奏训练

变奏训练是指通过改变音乐节奏，使学生同步进行动作练习，体会快节奏完成动作与慢节奏完成动作的训练方法。训练中，应该注意的是学生在较快节奏下动作容易变形，或者动作表现力降低，因此，健美操教师应该在训练中注意及时提醒学生完成动作的质量。变奏训练的另一层意思是音乐速度没有变化，改变动作的练习速度，或将高速度练习动作与变换速度练习的动作结合起来，这种训练就是力争避免动作停留在同一稳定的速度水平上。

通常可以将变换节奏训练法分为以下两个阶段：

第一，阶梯式负荷增加阶段。通过逐渐提高负荷强度，发展机体的运动机能和运动素质工作强度，并对运动技术形成稳定的动力定型。负荷以音乐速度为单位，在以周为时间单位下表现出斜线上升的趋势，为允许跳跃式的变换负荷强度做好全面的训练准备。

第二，跳跃式负荷变化阶段。通过跳跃理想速度的固定定型模式，采用突然增加负荷的方法，对机体给予强烈的刺激后再恢复到理想速度，使学生承受负荷的能力产生突破性提高，同时使机体掌握肢体姿势控制技术，提高控制能力。

变奏训练法整体负荷强度变化基本形式表现为阶梯式和跳跃式负荷形式的结合，在负荷量相对稳定的情况下，通过改变负荷强度训练来达到训练效果，逐步增加负荷强度到某一水平上，使肌体承受一种逐步提高的负荷刺激，然后突然增加到超高水平的负荷，使肌体的承受能力达到一个新的水平，最后保持一段比赛需要的负荷水平，使机体对这一负荷产生必要的适应。变奏训练法是适应负荷原则在竞技性健美操训练中的运用，结合该项目特点，使有机体对运动负荷产生一个适应的过程，以巩固和提高学生的基本动作技术。

（3）高频重复性训练

高频重复性训练是指学生在规定的时间内高速重复具体动作的训练。如果说高速度训练是提高学生速度素质的一般训练，那么高频重复性训练是针对提高具体动作的速度训练。在竞技健美操比赛中，经常会看到一些学生有个别动作总是速度过慢，那么进行高频重复性训练则是解决此类问题的最好方法。高频重复性训练要求教师规定具体动作训练时间，要求学生以重复速率的提高为标准提高学生具体动作的运动速度。重复性训练并不是对质量没有严格要求，而是强调每次重复都应该使学生在原有的基础上，通过对动作技术和对运动路线的熟悉，最终达到高质量自动化完成的效果。

（4）高速度训练

高速度训练各种体操动作是有效提高学生动作速度的措施之一。但要注意，首先，应该调动学生的兴奋性，同时采用较强劲、快节奏的音乐来调动学生的热情，其次，这种训练方法不应该持续时间过长，一般保持在 30 秒，注意间歇时间为 45 秒，间歇时间过长学生的兴奋性会下降，不利于后面的训练。此外，高速度训练因速度强度大，容易疲劳，动作幅度容易减小，动作容易变形，因此应该进行积极纠正。

（六）基本组合动作训练方法研究

1. 上肢组合训练

（1）组合练习一

第 1 拍双臂经体前交叉向外绕至侧上举；第 2 拍双臂握拳胸前交叉；第 3 拍

向侧打开呈侧举，五指分开，掌心向前；第4拍左臂前平举，五指分开掌心向上，右臂屈肘，五指分开放于头后；第5～6拍两臂从下向内绕环至头上击掌；第7拍双臂侧平举，同时前臂握拳向上屈肘并呈90°；第8拍还原呈预备姿势。

（2）组合练习二

第1拍双臂前举，五指并拢，掌心相对；第2拍右臂前举，同时前臂向上屈肘并呈90°，手形不变，左臂胸前平屈，同时五指并拢搭于右上臂肘关节处；第3拍左臂侧平举，右臂胸前平屈，五指并拢，掌心向下；第4拍双臂前平举交叉，右臂在上；第5拍左臂后举，五指并拢，掌心向内。右臂握拳前举，同时前臂向上屈肘并呈90°；第6～7拍向内绕环胸前叠屈，右臂在上，左臂在下；第8拍还原呈预备姿势。

（3）组合练习三

第1拍左臂前上举，右臂前下举，五指并拢，掌心向内；第2拍双臂胸前平屈，五指并拢，掌心向下；第3拍双臂向侧打开呈侧举，五指并拢，掌心向下；第4拍左前臂向上屈肘，右前臂向下屈肘，五指并拢，掌心向内，前臂与上臂呈90°；第5拍动作同第4拍，方向相反，左臂向下，右臂向上；第6拍胸前击掌；第7拍左臂侧下举，右臂侧上举；第8拍还原呈预备姿势。

（4）组合练习四

第1拍双臂体前交叉经前举至左臂侧举，右臂胸前平屈，五指并拢，掌心向下；第2拍左臂上举，右臂放于体侧，五指并拢，掌心向内；第3拍双臂交换位置，左臂上举，右臂下举；第4拍左臂不动，右臂往下拉并屈肘，前臂位于胸前，腕关节与肩同高，五指分开，掌心向后；第5拍双臂侧下举，五指分开，掌心向前；第6拍双臂握拳胸前交叉；第7拍左臂屈肘向侧打开，手位于头上方，右臂侧举，五指分开，掌心向下；第8拍还原呈预备姿势。

2. 下肢组合训练

（1）组合练习一

第1拍左脚向侧迈步；第2拍右脚蹬地，交叉于左脚后，同时重心左移；第3拍左脚继续向侧迈一步同时半蹲，重心在左腿上；第4拍左脚蹬地跳起，腿伸直，右腿蹬伸向侧踢；第 5 拍右腿收回向前迈一步；第 6 拍重心前移吸左腿；第 7 拍左腿向侧点地呈侧弓步；第 8 拍还原呈预备姿势。

（2）组合练习二

第 1 拍前半拍往下半蹲，后半拍双脚蹬伸，重心左移，左腿支撑，右腿伸直离地；第 2 拍右脚向上迈一步，重心移至右腿上；第 3 拍跳起呈开合半蹲；第 4 拍跳呈站立姿势；第 5 拍跳起呈左脚前点地，脚跟着地，重心在右腿上；第 6 拍跳呈右脚侧点地，脚跟着地，左腿稍屈膝；第 7 拍分腿半蹲原地跳一次；第 8 拍还原呈预备姿势。

（3）组合练习三

第 1～2 拍右脚向前做一个并步跳；第 3～4 拍右脚向前迈一步，左脚蹬地并右脚屈膝准备起跳；第 5～6 拍双脚蹬地起跳，腾空时前腿屈膝叠小腿，后腿伸直尽量后摆，并腿缓冲落地；第 7 拍蹬地跳起呈右脚侧点地，左脚稍屈膝，头向左侧倒；第 8 拍还原呈预备姿势。

3. 上下肢组合训练

（1）组合练习一

第 1 拍双脚蹬地跳起重心前移，右脚支撑，左脚后伸，同时左手经腰侧向前呈前举，五指分开，掌心向上，右手屈肘掌位于头后；第 2 拍左脚顺势前摆着地，重心前移，右脚脚尖点地，左手上举，右手位于体侧，五指并拢，掌心向前；第 3 拍分腿半蹲，双臂胸前平屈；第 4 拍并脚站立，左臂后举，右臂屈肘，上臂紧贴身体，五指并拢，掌心向内；第 5～6 拍开合跳一次，双臂向内绕环至胸前叠屈；第 7 拍左脚向前呈弓步，左臂前举，前臂与上臂呈 90°，右臂后摆，同时双手握拳；第 8 拍右脚并左脚还原呈预备姿势。

（2）组合练习二

第 1 拍左脚抬膝，左臂屈肘，左前臂尽量靠近上臂，上臂紧贴身体，右臂上举，五指分开，左手掌心向后，右手掌心向内；第 2 拍左脚后伸呈弓步，左臂呈前举，掌心向上，右手屈肘，掌置于头后；第 3 拍左脚向侧跨步呈侧弓步，双手相握置于左侧屈肘，身体面向斜前方，头面向正前方；第 4 拍右脚屈膝后抬，左脚稍屈膝支撑，左臂屈肘，掌置于头后，右臂伸直，五指分开，掌心向后；第5拍重心右移呈半蹲，双手置于大腿偏上部，屈肘同时肘关节向外；第6拍并脚提踵立，同时双臂直臂头上击掌；第7拍双脚蹬地，重心右移，左脚向侧伸直离地，右脚支撑，左臂侧下举，右臂侧上举；第8拍还原呈预备姿势。

二、高校竞技健美操难度动作训练

（一）俯卧撑类难度动作训练方法研究

1. 双臂俯卧撑难度动作训练

（1）逐层降低高度训练法

距肋木1米，直体前倾，双手撑在与胸部同高的墙上，摆好俯卧撑的标准姿势。进行俯卧撑练习。然后双手所撑的位置和重心随力量的提高而逐渐下移。在每个位置的动作要标准，腰腹及臀部肌肉收紧，身体保持一条直线，直到手撑地做标准俯卧撑为止。不论在哪个位置训练，练习时身体要呈一条直线。

（2）跪撑俯卧撑训练法

膝关节跪地、小腿并拢（或交叉）、上体为标准俯卧撑姿势。进行俯卧撑练习，然后两腿向后伸直，上腿必须并拢，前脚掌着地，做标准俯卧撑。在练习时腰腹要收紧，身体呈一条直线。

（3）下肢抬高训练法

双脚放在高于地面的物体上，双手撑地做标准俯卧撑，腰腹及臀部肌肉收紧，身体保持在一条直线上，逐步加抬高双脚的高度，来增加完成动作难度，提高完成标准俯卧撑的能力。动作过程中，身体重心不要太向前，要始终保持在腰腹部位。

（4）臂间距缩小训练法

首先，双手稍宽于肩，撑在地上进行俯卧撑练习；其次，双手的间距逐渐缩小进行练习。使动作的幅度逐渐增大，肌肉刺激深度逐渐增加，直至标准俯卧撑要求的臂间距离。

2. 单臂俯卧撑难度动作训练

（1）标准俯卧撑控腹训练

标准俯卧撑预备开始姿势，双脚并拢，两双臂距离与肩同宽，腰腹肌、臀部肌肉收紧，整个身体保持一条直线。保持这个动作姿势一段时间，在此基础上两脚蹬地使重心向前，提高控制身体的难度。

（2）下肢抬高控腹训练

双臂距离与肩同宽，双手撑地做标准俯卧撑预备开始姿势，双脚并拢放在高于地面的物体上，腰腹及臀部肌肉收紧，整个身体保持一条直线。然后逐步加抬高双脚的高度，来增加完成动作难度，提高腹肌控制能力。动作过程中，身体重心不要太向前，始终保持在腰腹部位。

（3）抗阻力控腹训练

标准俯卧撑预备开始姿势，双脚并拢，双臂距离与肩同宽，腰腹肌、臀部肌肉收紧，整个身体保持一条直线，保持这个动作姿势一段时间，在此基础上可在身体背部增加阻力，如加放一些杠铃片或其他重物，以增加控制身体的难度，提高身体控制能力。

（4）单臂双腿支撑控腹训练

双脚分开，距离与肩同宽，单臂着地支撑身体，支撑臂肘关节伸直，自由臂动作不限，腰腹肌、臀部肌肉收紧，整个身体保持一条直线，保持这个动作姿势一段时间，在此基础上可双脚蹬地使重心向前，提高控制身体的难度。

（5）单臂单腿支撑控腹训练

两脚分开，距离与肩同宽，单臂、单腿着地支撑身体，支撑臂肘关节伸直，自由臂动作不限，腰腹肌、臀部肌肉收紧，整个身体保持一条直线，保持这个动作姿势一段时间。

（6）动态控腹训练

双臂距离与肩同宽，双手撑地做标准俯卧撑预备开始姿势，双脚并拢放在健身球上，腰腹及臀部肌肉收紧，由于健身球的特定形状决定动态练习的特点，身体必须收紧并保持一条直线，使身体的控制能力得到提高。也可以在身体背部增加阻力，如加放一些杠铃片或其他重物，来增加动作难度，提高腹肌控制能力。

3. 倒地难度动作训练

（1）落地缓冲训练

①跪撑前倒缓冲落地练习。让参与训练的学生双膝跪在垫子上，上体自由倒地呈俯撑，体会手臂屈肘缓冲的用力感。上体下落时注意收腹立腰，在双手着地瞬间，五指首先着地，然后由手指尖迅速过渡到全手掌。

②跪撑俯卧撑击掌练习。膝关节跪地、小腿交叉（或并拢）、上体为标准俯卧撑姿势开始，双臂距离同肩宽，肘关节弯曲下降时，腰腹要收紧，身体呈一条直线，肘关节快速推起，在空中完成一次击掌，然后落地呈俯卧撑，体会手臂屈肘缓冲的用力感，在双手着地瞬间，五指首先着地，然后由手指尖迅速过渡到全手掌。

（2）自由倒地训练

①距墙半米，双脚并拢面对墙站立，身体夹紧，头与脊柱呈一条直线收紧，脚跟提起重心前移，倒向墙面，在双手着墙瞬间，五指首先着地，然后由手指尖迅速过渡到全手掌，同时体会手臂屈肘缓冲的用力感。

②逐渐增大与墙的距离至无法靠墙练习。

③开始自由倒地练习，可在垫子上进行练习，防止学生缓冲落地技术掌握不好造成受伤的状况，同时保护者要注意保护好学生的腰腹部，随着学生的逐渐进步，可适当降低垫子的厚度直至在地面进行练习。

（3）跳转 360° 呈俯撑训练

①跳转 360° 。学生双脚同时向上垂直跳起，空中转体，落地注意缓冲，使学生充分体会转体的动作。转体角度由转体 90° 逐渐增大到 360° 。

②双人对抗。教师在学生后面扶住其腰，学生向上跳，教师向下发力与其对抗，并帮助其保持平衡，适当的时候可以松手。如果学生跳起来落脚的地点不是原起跳地点，那么还应该帮助其练习。

③俯撑。身体直立开始，向上小跳，同时上体前屈，双手触击双脚后，迅速展开身体，双手、双脚同时着地，呈俯卧撑状态，落地时，身体应夹紧，头与脊柱呈一条直线，双手触到地面再屈肘缓冲，在双手着地瞬间，五指首先着地，然后由手指尖迅速过渡到全手掌。

4. 俯卧撑倒地难度动作训练

（1）侧倒俯卧撑训练

①俯卧撑控制。身体俯卧，双腿并拢，重心前移，脚背着地，收腹、含胸、抬头，臀部夹紧；双手略微内扣，肘关节外开；身体向下至肩关节与肘关节平行，身体姿态保持不变。随着上肢力量的增强，控制的时间可增长。

②分解练习。身体俯卧，双腿并拢；重心前移，脚背着地；收腹、含胸、抬头，臀部夹紧；两手略微内扣；肘关节外开；身体向下至肩关节与肘关节平行，身体姿态保持不变；侧倒，身体重心移至侧倒臂，控制 5 秒；还原至俯撑状态，但不推起，身体姿态保持不变，控制 5 秒；再侧倒，重复前面动作，动作要领相同；重复几次后再推起。随着掌握程度的提高，控制时间和重复次数也随之增加。

（2）单臂单腿侧倒俯卧撑训练

①自由臂扶地。身体俯卧，双腿分开与肩同宽，抬头、含胸、收腹。单臂、单腿支撑身体，支撑手略微内扣，肘关节外开；自由臂轻扶地面；身体向下时，身体姿态保持不变，自由臂分担支撑身体重量；随着上肢力量的逐步增强和技术动作熟练程度的提高，自由臂慢慢伸直，直到最后脱离地面。

②同伴辅助练习。身体俯卧，双腿分开与肩同宽，抬头、含胸、收腹。单臂、单腿支撑身体，支撑手略微内扣，肘关节外开；自由臂侧平举或扶于腰部；辅助队员扶住学生的腰腹部，给予学生适当的助力，使学生能充分地、正确地完成技术动作。随着学生上肢力量的逐步增强和技术动作熟练程度的提高，辅助队员可逐步减少对学生的帮助。

（3）单臂分腿侧倒俯卧撑训练

①单臂俯卧撑控制。俯卧，双腿分开与肩同宽，抬头、含胸、收腹。单臂、双腿支撑身体，支撑手略微内扣，肘关节外开；自由臂侧平举或扶于腰部；身体向下至肩关节与肘关节平行，身体姿态保持不变；随着上肢力量的增强，控制的时间也可增长。

②斜板练习。身体斜面俯卧；双腿开立与肩同宽，抬头、含胸、收腹；单臂支撑身体，支撑手略微内扣，支撑手支撑于斜板上；肘关节外开；自由臂侧平举

或扶于腰部；身体慢慢向下，侧倒，重心移至侧倒臂；身体移回中心位置，但不推起，重复5次侧倒至还原的动作，保证身体姿态不发生改变；随着上肢力量的逐步增强和技术动作熟练程度的提高，斜板的倾斜度可以逐步降低，直至独立完成动作。

5. 俯卧撑腾起难度动作训练

（1）俯卧撑腾起训练

俯卧，双腿并拢，含胸、收腹、抬头，双臂、双脚支撑身体，俯卧撑姿势向下，身体姿态保持不变。双臂用力推起身体，胸前击掌，双脚不离开地面，身体姿态不发生改变，身体还原到俯卧撑姿势。随着学生上肢力量和腰腹肌力量的加强和技术动作熟练程度的提高，训练次数可以慢慢增加，使双脚慢慢离开地面。

（2）俯撑腾空转体360°呈俯撑训练

①俯卧撑推起练习。身体俯卧，含胸、收腹、抬头；身体向下至肘关节低于肩关节处，双臂用力推起身体，双手离地面，胸前击掌，身体姿态保持不变；然后还原至推起前位置，重复推起动作。多次重复双手、双脚同时推起动作，增强上肢、躯干、下肢整体发力能力。

②地面180°俯撑练习。身体仰卧，挺胸、收腹、抬头；双腿并拢，双手上推。然后肩关节、髋关节、脚尖同时转动，呈俯卧。转动过程中，身体收紧，保持一条直线。

③俯撑腾空转体360°呈俯撑动作练习。身体俯卧，含胸、收腹、抬头；双脚并拢；身体向下至肘关节于肩关节平行处，双臂用力推起身体，同时转体360°呈俯撑动作结束，双脚始终接触地面。多次重复动作，随着技术动作的掌握，在推起腾空转体时双脚也同时腾空，重复动作。掌握技术动作，可以增强身体协调发力能力。

（二）旋腿与分切类难度动作训练方法研究

1. 直角支撑呈仰卧训练

双杠上，学生双臂伸直支撑身体，含胸、收腹、抬头，双腿并拢。双腿慢慢前伸，双脚分别放于地面，至身体伸直，身体后收至开始位置，反复重复练习。

技术动作熟练掌握后，学生练习从双杠过渡到地面，随着腰腹肌能力的增强，双腿前伸时慢慢并拢，达到动作要求。

2.“直升飞机”训练

（1）摆动绕环

分腿坐于地面，前腿摆动过身体，使另一条腿迅速跟上摆动，形成双腿均摆过身体呈 360° 圆周。3 个 1 组，每次练习 3 组。

（2）顶肩

仰卧于地面，双肩向上顶起，练习肩关节灵活性和力量。动作训练过程中，注意肩关节主动向上顶。3 个 1 组，每次练习 3 组。

（3）顶肩呈俯撑

仰卧于地面，依靠肩、髋关节的转动带动身体转动呈俯撑姿势。动作训练过程中，注意肩关节主动向上顶，同时扣肩、含胸，双臂撑地完成动作。3 个 1 组，每次练习 3 组。

（4）完整动作练习

在进行以上步骤的训练过程后，可以进行完整的“直升飞机”难度动作的训练。注意在整个动作过程中，身体的夹角不大于水平面上 45° 。

（三）支撑类难度动作训练方法研究

1. 分腿支撑训练

（1）他人辅助训练

身体略微向前倾，含胸、收腹、抬头，屈髋分腿，双腿分开至少 90° ，双手略微外开支撑地面，双臂伸直；辅助者抬起学生的双脚使其与髋形成一条直线，帮助学生双腿与地面平行，慢慢增加支撑时间。随着学生腰腹肌和下肢力量的增强，辅助者双手慢慢脱离学生，使学生独立完成技术动作。

（2）平衡木辅助训练

身体略倾，含胸、收腹、抬头，双手略微外开支撑于平衡木，双臂伸直，屈髋分腿，双腿分开至少 90° 。双臂支撑起身体，双腿伸直，尽量保持与地面平行，逐步增加支撑控制时间，强化学生对肌肉的控制能力。随着学生控制能力和技术动作的增强，可以转移到地面进行练习，达到动作要求。

2. 分腿高直角支撑训练

分腿高直角技术动作的训练可由同伴来进行辅助训练，学生含胸、收腹，下颚加紧，双臂伸直支撑身体，身体略微后仰，学生屈髋分腿举起向上呈“V”字（垂于地面），贴近于胸。辅助者站在学生身后，双手握住学生的双脚，保持身体姿态。随着学生的技术动作逐步熟练，支撑时间也随之逐步增长，辅助者的双手也逐步放开，使学生逐步独立完成动作，达到动作要求。

3. 直角支撑训练

可通过双杠进行过渡训练。学生双臂伸直，双手撑于双杠支撑起身体，身体略微向前倾，含胸、收腹、抬头，双腿伸直并拢抬起，尽量保持与地面平行，逐步增长支撑时间。随着学生技术动作的熟练，可逐渐过渡到地面进行练习。随着学生腰腹肌力量的增强，技术动作也可以逐步达到竞技健美操动作的要求。

（四）跳跃类难度动作训练方法研究

1. 屈体分腿跳训练

（1）双脚并拢原地纵跳

双脚并拢，屈膝发力向上起跳，双臂顺势从腰间向上摆动，双脚并拢落回原位。辅助练习。

（2）屈体分腿跳

双脚并拢，屈膝发力向上起跳，空中呈屈体分腿姿势，双脚并拢落回原位。在进行此难度动作训练时，应发展大学生的腿部力量及脚踝关节的爆发力，在学生能够跳起一定的高度时再进行空中姿势的训练。

（3）空中姿势地面练习

仰卧于地面，臀部着地，通过腹肌收缩，上肢和下肢同时向上，可以进行屈体分腿姿态的练习。

（4）团身跳

双脚并拢，屈膝发力向上起跳，空中双腿屈膝团身，膝关节尽力向胸部靠近，双脚并拢落回原位。

2. 纵劈腿跳呈俯撑训练

（1）原地前倒呈俯撑

立正姿势站好，身体前倒，双手着地呈俯撑。保护者站于学生侧方，当学生身体前倒时，保护者应迅速托住学生的腰腹部，减缓倒地速度，防止学生受伤。根据学生的能力，逐步过渡到独立完成。练习时身体各部位都要收紧，着地时主动屈肘缓冲，五指分开，由指尖过渡到全手掌着地，头是颈的延伸，保持头颈与身体呈一条直线。

（2）原地纵劈腿跳

双脚垂直向上纵跳，双脚离地后向前后打开，至最高点时空中呈纵劈腿姿势，下落时屈膝缓冲着地。根据学生自身能力来安排量的大小，进行练习。保护者站于学生后侧方，双手扶住学生的髋部。当学生往上纵跳时，保护者顺势给予一定的提力，从而延长腾空时间，使学生有较充分的时间完成纵劈腿动作，并保护学生安全落地。根据学生的能力，逐步过渡到独立完成。练习时要注意身体垂直轴的控制，收腹挺胸、立腰立背、紧臀、肩下沉，头向上顶。腿伸直，绷脚尖，手臂可根据个人需要做一些辅助动作。

（3）纵劈腿跳呈俯撑

双脚起跳在空中呈纵劈腿姿势，然后俯撑着地。根据学生自身能力来安排量的大小进行练习。学生可以先在保护状态下完成，然后逐步脱离保护。同时要求前后腿尽量劈开，腿伸直，绷脚面。

（4）前后分腿跳呈俯撑

双脚垂直起跳，双脚离地后迅速前后分开且小于 135°。至最高点下落时，前腿迅速后摆，上体前倒呈俯撑着地。根据学生自身能力来安排量的大小进行练习。

3. 转体 360° 团身跳接纵劈腿训练

第一，上步控制练习。先单腿上步站立，使整个身体站稳，体会垂直轴的控制。保护者站在学生背后一步距离左右，用双手扶住学生的腰部，使其重心提高。

第二，然后单腿转体 180° 逐步变成单腿转体 360°。单腿转体练习，提高垂直轴控制能力，双腿并拢开始，做单腿转体 180° 练习，随着能力的增加进行转体 360° 练习。

第三，跳起 360° 。注意身体垂直轴的控制，收腹立腰，抬头挺胸，肩关节放松下沉。

第四，团身跳后应该先练习纵劈腿跳，再过渡到纵劈腿跳落地，学生跳起呈团身姿态，再在空中迅速分腿，双腿呈纵劈叉姿势，然后缓冲落地。这种练习每次应该做 10 个左右。团身跳时，膝关节尽量上抬，大腿和腹部的角度尽量减小。纵劈腿的空中姿态，尽量保持脚尖、膝盖伸直，双腿开度增大。

第五，转体 360° 团身跳接纵劈腿落地。完成以上几个步骤练习之后，再进行这个难度动作的训练，注意保持身体躯干的稳定性及落地的缓冲控制。

4. 转体 180° 屈体再转体 180° 呈俯撑训练

（1）起跳训练

双脚垂直起跳同时转体 180° 。双肩放松，抬头挺胸，腰腹部收紧。保护者位于学生的身后，两手扶于学生的髋部。当学生向上纵跳时，保护者顺着学生转体的方向再施加适当的力加速学生的转体速度，并保护学生安全落地。根据学生的能力逐步过渡到独立完成。在做转体练习时，要求收腹、挺胸、立腰立背、紧臀、肩下沉，头向上顶，且要注意身体垂直轴的控制，落地注意缓冲。

（2）屈体跳训练

首先进行地面练习，再在教师的保护下原地跳起，屈肘，向上踢腿。然后进行原地跳起，双腿并拢，同时向上踢腿，可逐步提高水平位置。随着学生能力的增长再进行跳起转体 180° （同上），在做屈体动作的练习和跳起转体 180° 做屈体动作后再转 180° 呈并腿落地练习。

5. 转体 180° 科萨克跳接纵劈腿落

（1）跳转训练

双脚垂直起跳同时转体 180° 。双肩放松，抬头挺胸，腰腹收紧。保护者位于学生的身后，双手扶于学生的髋部。当学生向上纵跳时，保护者顺着学生转体的方向再施加适当的力加速学生的转体速度，并保护学生安全落地。根据学生的能力逐步过渡到独立完成。在做转体练习时要求收腹、挺胸、立腰立背、紧臀、肩下沉，头向上顶，且要注意身体垂直轴的控制，落地注意缓冲。

（2）原地纵跳接纵劈腿落训练

原地纵跳，落地时，滑呈纵叉。注意在纵跳的方向上，应垂直向上，上体正直，落地时应有控制地滑呈纵叉。保护者站于学生的体侧，双手扶住学生的髋部，帮助学生控制滑叉速度。

（3）科萨克跳训练

①双脚并拢原地纵跳。双脚并拢，屈膝发力向上起跳，双臂顺势从腰间向上摆动，双脚并拢落回原位。

②团身跳。双脚并拢，屈膝发力向上起跳，空中双腿屈膝团身，膝关节尽力向胸部靠近，双脚并拢落回原位。

③科萨克跳。双脚并拢，屈膝发力向上起跳，空中一腿平行于地面，一腿于膝关节处弯曲，膝关节尽力往胸部靠近，双脚并拢落回原位。首先可以在地面上进行空中姿态的练习，再进行跳跃练习。

（4）跳转 180° 接科萨克跳训练

空中转体 180° 后，迅速提臀、收腹做科萨克跳动作，然后落地缓冲。初学者在教师的帮助下完成后，再进行独立练习。动作连贯迅速，起跳瞬间脚尖正对前方。

（5）科萨克跳接纵劈腿落训练

科萨克跳完成后，双腿前后撤开，接纵劈腿落地。科萨克跳与纵劈腿都要到位，动作衔接连贯。可先做团身跳接纵劈腿练习，逐渐过渡到科萨克跳。保护者站于学生的体侧并扶住其腰部，帮助其缓冲落地。

（6）完整训练

在上述难度都能准确完成时，可进行完整动作练习。转体到位，单个动作都要准确完成。其他空中姿态的难度动作练习方法基本与此相同。

（五）其他难度动作训练方法研究

1. 扳腿平衡前倒呈纵劈叉训练

（1）平衡训练

平衡训练主要是为训练高校学生的身体控制能力及良好的难度动作姿态而

开展的。首先可以在有人辅助的情况下进行扳腿平衡提踵练习，然后独立完成这个练习能够有效地提高学生的踝关节控制能力，同时提高完成此难度动作的身体姿态。

（2）斜板训练

身体直立，含胸收腹，下颚收紧，呈扳腿平衡姿态，前倒于斜板上，反复重复动作，充分掌握技术要领。随着学生完成动作质量的提高，斜板的倾斜度逐步降低，最后到地面完成技术动作。

2. 横劈叉腿前穿训练

身体俯卧，含胸收腹，双腿分开呈横劈叉状，双臂伸直，支撑身体，双脚架在离地面30厘米处，慢慢地前后移动，前后移动的幅度慢慢增大。随着技术动作的充分掌握，架高的脚放回到地面，过渡到在地面完成技术动作。

第三节　高校流行健美操训练

在高校健美操运动中，除了健身健美操和竞技健美操运动项目外，还流行着许多其他的健美操项目。例如，有氧拉丁操、有氧踏板操、有氧搏击操、水中有氧操等，这些项目都属于高校流行健美操项目。

一、有氧拉丁操训练方法

（一）有氧拉丁操概述

1. 有氧拉丁操的起源与发展

有氧拉丁操是由拉丁舞演变而来的。拉丁舞的全称是拉丁美洲舞，这种舞蹈在拉丁美洲非常流行，它最早起源于非洲，后来与欧洲南部的舞蹈音乐结合，并由拉丁语系的移民带到南美洲（又称拉丁美洲），与当地的土风舞相互融合，逐渐形成了如今的伦巴、恰恰、桑巴、牛仔、斗牛等新的舞种。现今，拉丁舞已经风靡全球。有氧拉丁操则是将火热动感的拉丁舞与极富活力的健美操进行有机结合而形成的新兴健美操项目。有氧拉丁操是在拉丁舞狂热的音乐伴奏下，把颇具特点的舞蹈动作和有氧健身操动作进行结合而形成的一种全新健身方式。由于拉丁舞动作强调髋部的摆动，因此有氧拉丁操对健身者的腰部锻炼有着较为明显的效果。

2000年，有氧拉丁操开始在北京流行。其引用了拉丁舞狂热的音乐，使健身者在激情的拉丁音乐中，尽情展示自己美好的身段，并使健身者在疯狂的扭动和淋漓的汗水中，减去腰腿部多余的脂肪。

有氧拉丁操虽然来源于国标中的拉丁舞，但是在基本步法的要求上没有拉丁舞那样严苛。有氧拉丁操在人数上也没有特别的限制，单人、多人都可以进行。由于它属于健美操运动的一种，因此更多地强调能量的消耗，在动作细节上的要求并不是太高，在保持运动量的同时，做到髋、腰、胸、肩部等身体各关节的协调活动即可。相比于拉丁舞，有氧拉丁操的动作较为简单，主要以健身步法为主，更易于参与者学习和快速掌握相关技术动作。

2. 有氧拉丁操的特点

（1）热烈奔放

有氧拉丁操的风格特点是热烈奔放，在锻炼身体之外更可享受愉悦。有氧拉丁操要求情绪投入，越是淋漓尽致地把拉丁舞的感觉发挥出来，就越能放开，无所顾忌，在音乐中释放身体。有氧拉丁操的音乐热情奔放，充满激情，通常用迪斯科的节奏加上拉丁风格的舞步，能使练习者在锻炼的同时感受异域的风情和文化。

（2）锻炼全面

在从事有氧拉丁操运动时，健身者全身大部分的关节和肌肉都会参与锻炼，因此，全身减脂的效果也非常好。有氧拉丁操的重点在于腰部和髋部，同时也能使大腿内侧得到充分的锻炼。

（3）负荷强度小

有氧拉丁操负荷强度非常小，几乎适合所有人群练习。但由于有氧拉丁操具有自由随意、热情奔放、节奏明显等特点，因而更适合年轻人参加。

（4）更具健身性和普及性

有氧拉丁操在动作细节上减少了专业拉丁舞的规范和双人配合的要求，更具健身性和普及性。

3. 有氧拉丁操的功能

第一，有氧拉丁操以多关节运动为主，还增加了一般健身练习中较少练习到的髋部及腰腹部练习，故对提高髋部和腰部的灵活性和身体协调性有明显的作用。

第二，有氧拉丁操以拉丁舞为基础，大量吸收了拉丁舞的动作风格和特点，不但具备减脂和塑造身体线条的锻炼价值，同时也具备较强的表演性和欣赏性。

第三，通过有氧拉丁操的练习，可使练习者达到减脂和塑形的作用，同时也可提高练习者创造美、欣赏美的能力。

（二）有氧拉丁操的健身动作

有氧拉丁操主要包括热身、有氧练习、放松和伸展 4 个部分。其中，热身部分主要针对练习者身体局部灵活性的锻炼，有氧练习部分的主要目的是减脂和增加人的心肺功能，放松和伸展部分则主要为了放松健身者在练习过程中过于紧绷的肌肉，舒展肌肉线条，避免运动后的疼痛。

从技术动作的角度来说，有氧拉丁操的动作难度并不大，但对动作的用力方法和节奏的掌握一定要恰到好处。一般而言，有氧拉丁操动作的用力顺序是从下到上、由里向外，即所有力量来自地面对身体的反作用力，由脚传到腿到髋到腰再到躯干。手臂的动作是由躯干内部发力向外延伸，另外，全身各部位的协调用力是完成好动作的关键，如基本动作中，左膝内扣，髋向右转动时躯干应左转，也就是左右两侧的对应要形成对抗状况，这样能积蓄力量来完成下面的动作。此外，有氧拉丁操基本动作在其技术动作中有着非常重要的地位，学习时一定要重视。下面介绍几项常见的有氧拉丁操基本动作：

1. 抖肩

在做抖肩动作时，健身者需双臂伸直侧下举，五指分开，掌心向前，左肩前顶，右肩后展，再右肩前顶，左肩后展。

2. 恰恰步

恰恰步节奏是两拍三动的形式。以右侧恰恰步为例，在健身者健身时右腿向右侧迈出 1 拍，左腿并步，右腿再向右侧迈出。应当注意的是，恰恰步的变化很多，可以向侧、向前、向后，可以并步或交叉步，可以单独做或结合别的步伐一起完成。

3. 曼波步

节奏形成均匀，没有切分节拍，可以前后、向侧或结合转体动作。在传统健美操中也常用这个步伐。运用该技术动作时，左脚向前一步，重心前移，同时向左摆髋。随后，重心后移至右脚，同时向右摆髋。左脚向后一步，重心后移，同时向左摆髋。然后，重心前移至右脚，同时向右摆髋。做曼波步时，双臂屈肘于腰间自然摆动。

4. 桑巴步

桑巴步的节奏形式是两拍两动，但与恰恰步不同的是它的节拍时间很短，并且完成动作时节拍要有短暂的停顿。以向右的桑巴步为例，在健身者健身时蹬左腿向右一步，重心右移，同时身体左转。左腿向右腿后点一步，同时右腿微微屈膝抬起，重心在左腿。把重心移至右腿，右脚原地点地一次。桑巴步也可用来做移动或连续多次使用，整个动作主要注意髋部随着重心移动而左右摆动。

（三）有氧拉丁操的组合训练方法

1. 有氧拉丁操组合训练一

（1）第一个八拍

面向 1 点钟方向，五指分开，手臂随身体摆动。1～2 拍右侧并步，3～4 拍右侧恰、恰、恰，5～6 拍右腿后伸，7～8 拍左前恰、恰、恰。

（2）第二个八拍

在 1～4 拍时身体面向 1 点钟方向，5～6 拍时面向 8 点钟方向，7～8 拍时面向 2 点钟方向。五指自然分开，1～4 拍随身体摆动，5～8 拍手臂打开与伸腿方向相对。1～2 拍右前恰、恰、恰，3～4 拍左前恰、恰、恰，5～6 拍右脚左前交叉点，7～8 拍左脚右前交叉点。

（3）第三个八拍

面向1点钟方向，五指分开，手臂随身体摆动。1～2拍向左前进两步，3～4拍恰、恰接后屈左膝，5～6拍后退左恰、恰，7～8拍后退右恰、恰。

（4）第四个八拍

面向1点钟方向，五指分开，手臂随身体摆动。1～2拍左侧弓步，3～4拍收左腿恰、恰、恰，5～8拍与1～4拍动作相反，5～6拍右侧弓步，7～8拍收右腿恰、恰、恰。

2. 有氧拉丁操组合训练二

（1）第一个八拍

面向1点钟方向，五指分开，手臂随身体摆动。1～2拍出右腿转髋，3～4拍收右腿，5～6拍出左腿转髋，7～8拍收左腿。

（2）第二个八拍

面向1点钟方向，五指分开，手臂随身体摆动。1～2拍右侧桑巴步，3～4拍并腿，5～6拍左侧桑巴步，7～8拍并腿。

（3）第三个八拍

除3～4拍面向8点钟方向外，其他节拍都面向1点钟方向。五指自然分开，手臂随身体摆动。1～2拍右侧并步，3～4拍左后交叉恰、恰，5～8拍一字步。

（4）第四个八拍

面向1点钟方向，五指分开，1～4拍手臂随身体摆动，5～6拍左臂前伸，右臂后伸，7～8拍相反。连续进行左“V”字步移动。

二、有氧踏板操训练方法

（一）有氧踏板操概述

1. 有氧踏板操的起源与发展

有氧踏板操是健美操运动中出现最早的一项有氧运动。据说它最早是由一名膝部受伤的美国有氧操教练在1968年创造发明的，并迅速流行于美国，如今也成为世界流行的一项有氧健身运动。

踏板操是有氧运动的一种，踏板操运动通常在一块长 90～110 厘米、宽 40 厘米的专用健美操踏板上进行健身运动。踏板的最低高度一般为 10 厘米，并且高度可以进行调节，一般以 5 厘米为一档来进行调节。踏板高度越高，对脚的负荷越重，运动的强度就越大。踏板操是一种中高强度的有氧运动，可以有效提高参与者的有氧运动水平。有氧踏板操非常具有挑战性和娱乐性，它能提高锻炼者的协调能力和全身的力量控制。通常，练习者主要在自己的踏板周围运动，高级的有氧踏板操课程一人可以同时使用两块踏板。目前，在较大的健身房都开设有踏板操的课程，有氧踏板操具有独特的健身效果，深受广大健身爱好者的欢迎。

2. 有氧踏板操的特点

（1）运动负荷的可控性较大

有氧健身运动的强度一般保持在中、低水平，要准确把握和控制运动强度，对于经验不足的健美操指导员和初级健身者来说较为困难，踏板操则很容易达到这一要求。调整踏板下的垫板高度可以使人们很容易就能调节运动强度。完成同样的动作，踏板高度越高，运动强度就越大，能量消耗也越大；反之，则越小。因此，健身者就可以轻而易举地根据自身的条件和锻炼目的选择不同高度的踏板。

高强度练习一般不超过 1 分钟，通常上板时强度大、下板时强度小，高强度练习对初学者一般不适用。

（2）较好的安全性

由于踏板操主要在踏板上不停地上下、前后移动，跳跃性动作相对较少，并且下板时，脚与地面接触的过程多为缓冲动作，因此就使得下肢关节具有明显的屈伸和过渡，从而最大限度地避免了长时间跳跃造成的运动损伤。踏板练习者上板时，要注意提高重心高度，下板时要注意降低重心高度，同时腿、臀发力加以控制，这有利于保护下肢关节和韧带。

（3）较强的娱乐性

踏板的使用，使得动作内容大大增加，因此，在练习时就可以充分利用踏板的面以及踏板的4个角来完成上、下板的连接动作或单纯的板上运动。同时，也可以按需要将踏板摆成不同的位置，如横板、纵板，也可以同时利用2块、3块甚至4块踏板进行练习，从而增加踏板动作的有趣性。但要注意，在利用踏板的角运动时，要防止踩偏和踩空。

3. 有氧踏板操的功能

（1）提高人体的心肺功能

在进行有氧踏板操锻炼时，由于人体要克服自身重力的负荷，因此，在完成同样的动作时，在踏板上练习要比在平地上练习消耗的能量多，而这种有氧运动负荷的合理增加，有利于提高人体的心肺功能。

（2）培养练习者良好的方位感

相比于地面，在踏板上练习健美操会增加许多难度，因为踏板是一个立体物，有高度、长度、宽度，很难像在平地上那样随心所欲。例如，离踏板太近容易将踏板踢翻，离踏板太远又踏不上踏板，迈步过大或踩在踏板边缘容易摔倒等。这都需要健身者有良好的位置感觉，包括对自身位置及踏板位置的感觉。另外，踏板的形状接近于一个长方体，健身者在踏板上完成组合动作时，经常会有方向的变化，如果方向把握不正确往往会踏不到正确位置或赶不上节拍，而通过长期踏板练习将帮助健身者建立极佳的方位感。

（3）塑造良好的下肢形体

在有氧踏板操运动中，大腿和臀部的肌肉是最常锻炼的部位。在完成所有上、下踏板的动作中，它们主要是克服自身重力来上、下踏板的，完成相对应的技术动作，而这个阻力相对最大力量要小很多。因此，踏板属于长时间的小重量抗阻肌肉练习，能够起到消耗腿部、臀部多余脂肪，突出肌肉线条而又不增加肌肉围度的效果，对塑造健美的腿部和臀部具有良好的效果。

（二）有氧踏板操的健身动作

有氧踏板操基本动作可以根据需要，自己进行创新和练习，下面介绍几种比较常见的基本动作：

预备姿势：面对踏板，直立，双腿并拢，双手叉腰。

1. 上、下板

学生面对踏板，双脚依次上、下板；左脚上板；右脚上板，双腿并拢；左脚下板；右脚下板，双腿并拢。上、下板可以变形为“V”字步和“A”字步。“V”字步是健身者站在地上，双腿并拢，呈立正姿势；板上，双腿分开，同肩宽。“A”字步是健身者站在板上，双腿并拢，呈立正姿势；地上，双腿分开，同肩宽。

2. 点板

健身者面对踏板，双手叉腰；左脚脚跟点在板上，然后收回，呈立正姿势。重心落在地面的脚上，点板脚为虚点步。

3. 单腿支撑

单腿支撑是一种交替上板的动作，每次上板都改变引脚。单腿支撑，另一腿为动力腿或做动作腿。单腿支撑可以变形为提膝、侧踢、后抬腿、前踢。

4. 转板

转板是一种转体 180° 的交替步伐或是转体的交替“V”字步。在板的一侧经过板上到板的另一侧下板。健身时，健身者右脚上板，1/4 转向前面，左脚上，右脚下，然后再左脚下。转板可以在第四拍变形为前提膝或后屈腿。

5. 过板

过板是在板的一侧经过板上到板的另一侧，方向不变，可横板，可竖板。过板可以变形为在板上小跳或小吸腿跳。

6. 板上落

板上落是一种交替落脚的着地步伐。在板上开始动作，要注意以较慢的速度开始，落地时前脚掌落地。板上落可以变形为后脚落、倒蹲。

7. 跨板

可以在板上下板，双脚跨在板两侧，从板两侧上板。注意脚落板和上板的位置。跨板可变形为单侧落下，上板时前吸、前踢、侧踢，从板侧开始跨板。

（三）有氧踏板操的组合训练方法

1. 有氧踏板操初级组合训练

初级动作组合的每个动作重心和全脚掌都要落在板上，离板近的脚先上板。每个组合均为 32 拍的右、左脚组合，即右脚先开始，32 拍组合动作结束时的最后一拍动作落在右脚上，接着左脚开始完成反方向的 32 拍组合动作。

（1）初级组合训练一

第一个八拍。面向 1 点钟方向，双手握拳。1～4 拍双臂体侧屈肘，前后摆动，右脚一字步上下板；5～8 拍同1～4 拍。

第二个八拍。1～2 拍面向 8 点钟方向，3～4 拍和 7～8 拍面向 1 点钟方向，5～6 拍面向 2 点钟方向。双手握拳，双臂体侧屈肘前后摆动。1 拍右脚上板，2 拍左脚后屈，3～4 拍下板，5～8 拍同 1～4 拍。

第三个八拍。1～2 拍面向 8 点钟方向，3～4 拍和 7～8 拍面向 1 点钟方向，5～6 拍面向 2 点钟方向。双手握拳，双臂体侧屈肘前后摆动。1 拍右脚上板，2 拍左脚前吸腿，3 拍左脚下板，4 拍右脚点地，5 拍左脚点板，6 拍左腿前吸，7～8 拍下板。

第四个八拍。1～6 拍面向 3 点钟方向，7～8 拍面向 1 点钟方向。双手握拳，双臂体侧屈肘前后摆动。1～4 拍向右 45° 上板吸腿一次，5～8 拍向左 45° 上板吸腿一次。

（2）初级组合训练二

第一个八拍。1 拍右脚点板，2 拍右脚下板，3～4 拍相反，5～8 拍右脚一字步上下板 1 次。1～4 拍双臂在体前击掌，5～8 拍双臂体侧屈肘握拳前后摆动。

第二个八拍。1～2 拍右腿上板“V”字步，3～4 拍下板内转 90°，5～8 拍同 1～4 拍，但方向相反。双臂体侧屈肘握拳前后摆动。

第三个八拍。1～2 拍右脚上板“V”字步，3～4 拍下板，5～8 拍同 1～4 拍。双手握拳，双臂自然前后摆动。

第四个八拍。1 拍右脚上板，2 拍左脚前吸腿，3 拍左脚点地，4 拍左腿前吸，5 拍左脚点地，6 拍左腿前吸，7～8 拍下板。双手握拳，双臂自然前后摆动。

2. 有氧踏板操中级组合训练

每个组合均为32拍的右、左脚组合，即右脚先开始，结束时的最后一拍动作也落在右脚上，随后左脚开始完成反方向的32拍组合动作。

（1）中级组合训练一

第一个八拍。1拍右脚上板，2拍左脚前吸腿，3～4拍脚下板，5～8拍左脚上板“V”字步下板后内转90°。双手握拳，1～4拍双臂自然前后摆动，5～8拍双臂体侧屈肘前后摆动。

第二个八拍。1拍右脚上板；2拍左脚上板，同时右腿跳吸；3～4拍过板下板；5拍右脚向前一步；6拍左脚上步；7拍转体180°；8拍向前走一步。1拍双臂胸屈，2拍双臂上伸，3拍双臂胸屈，4拍双臂体侧，5～8拍双臂自然前后摆动。其中，手形1～4拍为拳、掌，5～8拍为拳。

第三个八拍。1拍右脚侧上板，2拍左脚前吸腿，3拍左脚下板，4拍右腿后伸，5拍右脚上板，6拍左脚后抬，同时后绕过板，7～8拍左转90°下板。1～4拍双臂自然前后摆动，5拍双臂胸前弯曲，6拍双臂上伸，7～8拍双臂落在体侧。其中，手形1～4拍为拳，5～8拍为拳、掌。

第四个八拍。1拍右脚上板，2拍左腿侧抬，3～4拍下板，5～8拍同1～4拍，但方向相反。1～2拍双臂侧举，3～4拍双臂自然落下，5～8拍同1～4拍。注意练习时掌心要向前。

（2）中级组合训练二

第一个八拍。面向1点钟方向。1～4拍双手五指自然分开，双臂侧平举；5～8拍双手握拳，双臂自然前后摆动。1拍右脚上板，2拍左腿侧抬，3～4拍下板，5拍左腿跳上板同时右腿侧抬，6拍板上跳左腿侧摆一次，7～8拍左脚下板。

第二个八拍。1～2拍面向2点钟方向，3～4拍面向3点钟方向，5～6拍面向1点钟方向，7～8拍面向7点钟方向。1～4拍五指自然分开，掌心向外，双臂斜上举；5～8拍左手握拳，左臂前伸侧落，右手叉腰。1拍左脚上板，2拍右腿后抬，3～4拍下板，5拍左脚上板，6拍右腿后屈跳并左转90°，7拍右脚先下板，8拍左脚并拢。

第三个八拍。1～2拍面向7点钟方向，3～4拍面向6点钟方向，5～6拍面向 1 点方向，7～8 拍面向 3 点钟方向。1～4 拍五指自然分开，掌心向外，双臂斜上举；5～8 拍右手握拳，右臂前伸侧落，左手叉腰。1 拍右脚上板，2 拍右腿后抬，3～4 拍下板，5 拍右脚上板，6 拍左腿后屈跳并右转 90°，7 拍左脚先下板，8 拍右脚并拢。

第四个八拍。1～2 拍面向 3 点钟方向，3～4 拍面向 1 点钟方向，5～6 拍面向 2 点钟方向，7～8 拍面向 1 点钟方向。双手握拳，双臂上伸。1 拍左侧双腿跳上板，2 拍板上小跳一次，3 拍左脚先下板，4 拍右脚并拢，5 拍右侧双腿跳上板，6 拍板上小跳一次，7～8 拍下板。

3. 有氧踏板操高级组合训练

高级组合训练的每个组合均为 32 拍的右、左脚组合，即右脚先开始，结束时的最后一拍动作也落在右脚上，随后左脚开始完成反方向的 32 拍组合动作。

（1）高级组合训练一

第一个八拍。1 拍右脚上板，2 拍左脚前吸腿，3～4 拍左侧下板，5～8 拍左脚左侧上板同时侧并步横过板。1～4 拍双臂体侧屈肘前后摆动，5～8 拍双臂胸前交叉向外绕。1～4 拍手形为拳，5～8 拍注意掌心要向外。

第二个八拍。1 拍左脚从右侧上板，2 拍右腿前吸上板，3～4 拍下板，5～6 拍板下右脚左斜前曼步，7～8 拍右脚侧并步。双手握拳，1 拍双臂弯曲，2 拍右臂侧举，左臂胸前平屈，5～6 拍左臂前举，右臂上举，7～8 拍双臂侧平举。

第三个八拍。1 拍左脚尖板上左侧点，2 拍右脚尖板上右侧点，3～4 拍下板恰、恰，5 拍右脚上板，6 拍左腿侧抬，7～8 拍下板。双手握拳，双臂自然前后摆动。

第四个八拍。1 拍右脚侧上板，2 拍左腿侧抬跳同时后绕，3～4 拍过板下板，5～6 拍左腿绕板左转 45° 恰、恰，7～8 拍右腿绕板左转 45° 恰、恰。1～2 拍双臂上举，3～4 拍双臂自然落下，5～8 拍双臂自然前后摆臂。注意 1～4 拍时掌心要向外，5～8 拍时握拳。

（2）高级组合训练二

第一个八拍。1～4 拍面向 1 点钟方向，5～6 拍面向 2 点钟方向，7～8 拍面向 7 点钟方向。1～4 拍五指自然分开，掌心向外；5～8 拍双手握拳。1 拍时双臂斜上举，2 拍双臂下拉胸前屈，3～4 拍自然放至体侧，5～8 拍两小臂向上屈。1

拍右腿跳上板同时左腿后抬，2 拍左腿前收，3～4 拍下板，5～6 拍左腿板上恰、恰，7～8 拍下板同时左转 90° 。

第二个八拍。1～4 拍面向 7 点钟方向，5～8 拍面向 1 点钟方向。双手握拳，双臂体侧屈肘前后摆动。1 拍右腿侧上板；2 拍左腿后屈跳；3 拍左脚后交叉点地；4 拍左腿后屈；5～6 拍下板，同时右转 90° ；7～8 拍左脚尖点板一次。

第三个八拍。面向 1 点钟方向。双手握拳，双臂自然前后摆动。1 拍右脚上板，2 拍左腿向板左侧地迈一步重心在左侧，3～4 拍右侧横过板，5 拍重心在右腿，6 拍重心落在左腿板上，7～8 拍下板。

第四个八拍。1～3 拍和 6～8 拍面向 1 点钟方向，4～5 拍面向 3 点钟方向。双手握拳，双臂体侧屈肘前后摆动。1 拍右脚上板，2 拍前吸左腿，3 拍左脚板前点地，4 拍前吸左腿，5 拍下板，6 拍右脚跟点板，7 拍右腿前吸，8 拍下板。

三、有氧搏击操训练方法

（一）有氧搏击操概述

1. 有氧搏击操的起源与发展

有氧搏击操常被称为跆搏[①]，起源于美国，是有氧健美操中的一个重要项目。它最大限度地吸取了拳击运动能耗大的特点，将拳击、散打、空手道等一些动作组合作为基本内容，在音乐的伴奏下，进行的有氧锻炼。这一项目在流入亚洲后，又与东方的跆拳道、武术等动作的特点相结合。它的独到之处是在节奏清晰的音乐伴奏之下和英姿飒爽的拳脚之间得到了身体的健康，锻炼了身体，使锻炼在原有的科学、安全有效的基础上更具特性与魅力。有氧搏击操创造了一个新的健身概念，增强乐趣和力量，燃烧脂肪，最重要的是具有很好的减脂健身效果，它可以使身体的各个部位尤其是腰、腹、臀等容易堆积脂肪的部位很快得到改善。

有氧搏击操的步伐和姿势是由一系列的自我防卫动作演变而来的。例如，手臂动作主要借鉴了拳击的动作特点，腿部动作则以跆拳道的腿法为基本动作。有氧搏击操是由美国运动员比利 · 布兰克斯最先创造的，他曾获得 7 次空手道世界

① 刘欢 . 大众体育系列：健美操［M］. 合肥：合肥工业大学出版社，2016.

冠军，并创办了第一家“跆搏”形体锻炼俱乐部，在他的影响下，有氧搏击操越来越受到健身爱好者的欢迎，并很快风靡世界。

随着人们生活水平的提高和健康意识的增强，许多健身项目越来越被人们重新认识。有氧搏击操更是在十几年的推广和传播过程中，改变了人们心中健美操“女性化”的传统观念，越来越多的男性开始加入跳操的行列中，尽情地挥洒着激情，为健美操运动增添了阳刚之气。近年来，有氧搏击操也成为健身房里的热点健身项目之一。

2. 有氧搏击操的特点与功能

（1）有氧搏击操的特点

第一，科学安全，全面健身。有氧搏击操同属于有氧运动中的一种，它可以科学地锻炼和提高人体的各个循环系统功能，使机体保持健康并增强抵御疾病的能力。同时，它也可以有效地消耗能量，减少体内多余的脂肪，从而达到减肥的目的。有氧搏击操的强度适中，可以有效控制运动量，在动作的选择上也遵守增进健康和避免伤害的原则。在进行搏击操练习时，只需意想出对手，并没有面对面的搏击，提高了锻炼的安全性。

有氧搏击操既可以进行手臂、躯干、步伐、腿法等部位的分解练习，也可以进行综合套路的练习，虽然动作较为简单，但是也需要动用身体的各个部位参与，如直拳动作。首先通过右脚蹬地，将力量传递到大腿、脊髓，再经过腰部转动将力量传递到胸、肩、手臂，最后才到拳上。这也说明了有氧搏击操起到全面健身的作用。

第二，简单易学。有氧搏击操动作上肢主要以拳击中的直拳、摆拳、勾拳为主，再加上肘部的臂、掌等动作；下肢以膝踢、弹踢、侧踢、后踢为主。这些动作不仅直观，而且动作要求也只限于用力的顺序与用力的正确位置，并不要求像拳击、搏击竞赛与实战中那样快速准确，因此，一般人都能够完成这些练习。此外，它不强调复杂的动作组合，而且运动中的变化特别是方向变化也较少，加之教学多采用分解及慢速的方法，这就更有利于练习者掌握动作。

第三，挑战性与娱乐性相结合。有氧搏击操在强劲有力的音乐和教练员的带动下，会激发练习者的热情，作出刚劲有力的动作，并在练习过程中会伴随有整齐嘹亮的呐喊声，使整个课堂气氛变得异常火热，也使得练习氛围更加愉快，将许多具有挑战性的动作学习变得轻松愉快。当面对假想的敌人投入激情时，锻炼者可以从中得到“挑战”的乐趣和获取胜利的喜悦。

（2）有氧搏击操的功能

第一，有益身心健康。有氧搏击操以有氧练习为基础，注重健身的全面性，能全面锻炼练习者的心肺功能和运动素质。持续进行有氧搏击操练习，可加速交感神经系统的兴奋性，促进相关腺体的分泌，对心血管系统和呼吸系统机能的改善有着积极的影响。在有氧搏击操中，许多动作的幅度较大，可使肌纤维反复牵拉，增加肌肉的柔韧性和弹性。其灵活多变的移动，也可以提高机体的灵敏素质。在练习过程中，快速有力的踢、踹等动作可提高机体的协调性、平衡感和身体耐力，从而改善人体的综合健康水平。

第二，塑形美体。有氧搏击操的动作丰富多变，要求准确快速地作出踹腿、出拳、转腰等各种动作，还要求有爆发力，因此可使上下肢得到充分锻炼，雕塑出优美的肌肉线条。有氧搏击操中，大部分动作要求腰腹在一定控制的基础上发力，因此，不但可以增强腰腹部的力量，也可以美化腰腹部的曲线。

第三，减肥瘦身。有氧搏击操强调速度和力度的完美结合，快速的移动、迅速有力的挥摆以及大幅度的肢体伸展，这些都会增加运动的强度和运动负荷，使练习者消耗大量的能量，达到全面有效的减肥作用。有氧搏击操练习，需要保持下肢灵活移动和腰腹肌的协调用力，所以对消耗腰腹和下肢部位的皮下脂肪有显著的效果。

（二）有氧搏击操的健身动作

1. 有氧搏击操的基本站姿

有氧搏击操的站姿可以分为正面站姿与侧面站姿两种。正面站姿为防御姿势，侧面站姿为格斗姿势。

（1）正面站姿

双腿平行开立，稍屈双膝，收腹立腰，双肩平行，下垂放松，双臂屈于胸前，小臂垂直于地面，双拳置于下颌部，身体重心在两腿之间。

（2）侧面站姿

双腿前后分立，稍屈膝，后腿外侧 45°，双腿内扣，身体侧向前方，重心在两腿之间，手臂姿势同正面站姿。

2. 有氧搏击操的基本拳法

有氧搏击操的基本拳法大多参考了拳击的动作特点。握拳要四指并拢，向内卷握，拇指向内扣在其他手指的第二指节处。

（1）直拳

有氧搏击操中最常用、最基本的拳法就是直拳，一般分前手直拳和后手直拳。直拳可以在平行站立和前后站立两种站立姿势上出拳，无论哪种站立姿势都要腿先发力蹬转，然后腰用力，最后是手臂用力。手臂直接打出的同时，旋转拳，手心向下，注意手臂不要完全伸直，这样可以保护肘关节不受伤害。直拳按位置可分为右或左拳，或侧拳的高、中、低三种。

（2）刺拳

刺拳与直拳相似，是直拳派生出的一种快拳招数，分前手刺拳和后手刺拳。动作轻快，点击、出拳时手臂不完全伸直，顺弹性收拳，上体和髋部移动极小。

（3）勾拳

勾拳的站立姿势和发力与直拳相同，不同的是腰部首先要向反方向扭转并压低上体，然后再发力出拳，手臂始终保持弯曲，拳心向后。

（4）锤拳

拳微外旋上举，由上向下呈半弧形斜下劈砸。

（5）摆拳

摆拳分前手摆拳和后手摆拳。左脚蹬地，重心移向右脚，向左拧腰转体，同时右臂由下向上将肘部抬起，肘关节屈度大于 90° 小于 180°，右臂由外沿小弧形向左摆至身体中心线位置。

（6）翻背拳

翻背拳是以拳背为力点的一种快拳法，脚掌蹬地，上体稍转，以肘关节为轴，拳背领先，快速反臂鞭弹。

（7）肘击

一般采用平行站立，用肘关节进攻，可以分为横击、后击和下击。以右手横击为例，左脚首先蹬地，移动重心至右脚，腰部发力向右移动，左手掌推右手拳至右侧，最后力量到达关节，而左下击时要先高抬手臂，右侧腰拉长，然后腰用力收缩，肘下压。

3. 有氧搏击操的基本肘法

有氧搏击操的肘法为一种屈臂的练习形式，是以屈臂形成的肘尖为最后力点的招数。

（1）抬肘

肘关节由下向上，从身体前上方抬起，拳心向下，肘尖受力。

（2）砸肘

肘关节提起，由上向下沿斜方向砸压。

（3）沉肘

身体下沉，提肘，由上向下沿直线出肘。

（4）提肘

扭腰转体，肘关节由下向上沿直线上提，脚尖蹬地挺腰。

4. 有氧搏击操的基本膝法

（1）直膝顶

左腿支撑，右腿迅速屈膝向上顶抬，力达膝尖，同时收腹，身体稍后仰，目视前方。

（2）横膝顶

横膝顶的基本运动路线呈弧形，具体为右膝关节由外向内呈斜线迅速提吸。

（3）跪膝

上体左转 90°，左腿屈膝半蹲，同时右膝直下跪，力达膝尖，同侧手可配合下击。

5. 有氧搏击操的基本腿法

（1）正蹬

一腿先屈膝上提，另一腿微屈膝支撑；屈膝上提腿以脚跟由屈到伸，快速发力，直线蹬击。动作上体略后仰，稍含胸，双手保持防护姿势。

（2）后蹬

身体稍转，一腿屈膝回收，小腿平行于地面，转头回视；向正后方强力挺膝伸展蹬出，身体前俯，眼视正后方，双臂自然弯曲，维持身体平衡。

（3）腾空前踢

左腿屈膝蹬地跳起，右腿在空中由屈到伸，绷脚面，向上弹踢，力达脚尖，眼视前方，双脚依次着地。

（4）侧踹

侧踹分为下段、中段、上段。一腿先屈膝上抬，小腿略外摆，膝盖向内收，支撑腿稍屈膝，提膝腿由屈到伸向侧踹击，力达脚跟或全脚掌，目视前方。

（5）腾空侧踹

可以单脚起跳也可以双脚起跳。主力腿猛地蹬地跃起，在空中向右拧转，右腿由屈到伸，直线方向踹出，力达全脚掌或脚跟，左腿屈膝收髋。动作完成后，两脚依次着地。

（6）横扫

腰髋部摆动，肩部拧转，集全力于一脚面或小腿胫骨，动作路线较长，高速拉弧形发出强大爆发力。

（7）弹踢

移重心至支撑腿，右腿屈膝抬平，大小腿折叠稍内旋，绷脚尖；以膝关节为轴，迅速屈伸弹动小腿，力达脚背或胫骨，眼视前方。

（三）有氧搏击操的组合训练方法

（1）第一个八拍

双手握拳。1～2 拍身体右转，左膝内扣，左踝外展，面向 1 点钟方向，手臂动作为右直拳；3～4 拍为 1～2 拍反方向，面向 1 点钟方向，手臂动作为左直拳；

5～8 拍屈膝左转，左弓步，5～6 拍面向 1 点钟方向，7～8 拍面向 7 点钟方向，5 拍侧顶左肘，6 拍左前臂屈并外旋，7～8 拍为右直拳。

（2）第二个八拍

双手握拳。1～4 拍右侧踢，面向 1 点钟方向，手臂动作为防守姿势；5～6 拍身体左转，右膝内扣，右踝外展，面向 8 点钟方向，手臂动作为右摆拳；7～8 拍为 5～6 拍反方向，面向 2 点钟方向，手臂动作为左摆拳。

（3）第三个八拍

双手握拳。1～2 拍左转 90° 开合跳，面向 7 点钟方向，手臂动作为右直拳；3～4 拍开合跳，面向 1 点钟方向，手臂动作为双臂上推；5～6 拍右转 90° 。

第五章　高校健美操训练的创新发展

本章主要叙述内容为高校健美操训练的创新发展，共分为两节，其中第一节主要阐述了高校健美操训练的发展现状，第二节对高校健美操训练的实践创新进行了详细介绍。

第一节　高校健美操训练的发展情况

由于健美操本身的运动宗旨适合正在成长的高校学生，因此，我国的健美操运动队伍大部分都由各大高校组建，并且在学生的必修课或选修课中都能看到它的“身影”。经过实践证明，健美操课程的确是学生首选的运动类选修课。下面我们主要针对我国高校健美操运动训练的发展状况展开分析：

一、高校健美操运动队训练的模式

我国高校健美操训练的模式一般分为运动队训练模式和业余选修课程模式。其中，健美操运动队训练主要采取赛前集中训练的模式。

业余选修课程模式是高校将健美操运动作为一项课程让学生学习。一般体育院校将其作为必修课程，非体育院校也会将其列入选修课的范围之内。通过课程的进修，使大学生对健美操有一个直观的认识，让学生日常高强度的学习压力得到缓解，而这也是一种普及健美操运动的良好平台，只有这样，我国高校健美操运动水平才可能有进一步的提高。

二、高校健美操运动队训练的比赛与交流状况

在一些拥有健美操运动队的高校中，健美操比赛对促进健美操运动的发展具有很好的促进作用。因此，为了尽快提高我国高校的健美操运动成绩，应该增加比赛次数，给运动员更多参与比赛锻炼的机会，只有在比赛中积累了丰富的经验，才能更好地提高运动员技战术水平，造就出更好的运动员，不断提高我国运动员的能力。

第二节　高校健美操训练的实践创新

没有创新就没有健美操的发展，创新性是健美操创编的一项重要原则。健美操的创新不是简单的单个动作的罗列，而是根据健身健美操的创新目的，遵循一定的创编原则，实现动作间的有机联系、和谐配合、完整统一。[①]

一、高校健美操运动训练创新的基本原则

健美操是一项前卫时尚的运动项目，得到了广大年轻人的喜爱。因此，为了不使高校健美操运动训练的方法过时，就必须要与时俱进地对训练方法进行创新。为了让这种创新不脱离健美操运动的本质，就使得它要在一定的原则下进行。高校健美操运动训练创新的基本原则是在运用教学原则基础上发展起来的。根据健美操运动训练的特点，我们可以将健美操运动训练创新的基本原则概括为以下几点：

（一）直观性原则

健美操运动训练的手段和方法有很多，其中，在健美操训练中更强调对直观性原则的运用。对于初学者，多采用直接示范，到了一定水平后，可采用图解、录像、直接观摩优秀运动员的表演和比赛等手段，结合恰当的比喻、形象的讲解以及教练员对运动员动作技术的观察分析，经过研究讨论，启发他们的积极思维

① 王静．高校健美操教育的理论与实践创新［M］．长春：吉林科学技术出版社，2019：106.

活动，并进一步找出完成运动的规律性，也可用语言信号、助力、固定身体姿势或慢速做动作，体会空中的方位、肌肉用力等。

（二）系统性原则

常年不间断地进行系统训练是不断重复和巩固运动技能的需要，是运动技能系统化积累的需要，也是健美操取得优异成绩不可缺少的一环。多年系统训练和周期训练是贯彻系统性原则的重要手段。在贯彻该原则时，要明确目标，做到身体训练与技术训练相结合，注意训练周期的安排，做到循序渐进，接近比赛期时，要有调整运动量的措施，使运动员在比赛前达到最佳竞技状态。

（三）周期性原则

周期性原则是指整个训练过程要按训练阶段组成的运动周期循环地进行。周期性原则是以竞技状态的客观规律为依据的，后一周期应在前一周期的基础上提高，从而创造出最佳成绩。每个训练周期或不同的训练阶段，都有具体的任务、内容、负荷量、手段和方法，彼此间既相互独立，又相互衔接。在健美操运动训练中，贯彻周期性原则时，应根据主要比赛任务和对象特点，合理安排全年的训练周期，注意周期间的衔接，使每两个周期间都能“承上启下”，确实抓好每周的“小周期”训练，不适之处应及时进行调整。

（四）一般训练与专项训练相结合原则

实践证明，全面训练与专项训练紧密结合可以获得最佳的训练效果。大学生应该注意加强身体素质的全面训练，长时间只从事健美操专门训练，不利于身体素质的全面发展。将专门训练与全面训练、身体训练与专项技术训练结合起来，把已提高的身体素质保持下来，并应用到技术训练中去，是十分重要的。一般说来，训练初期身体训练的比重要多些、广些，达到一定水平后再采用健美操的基本动作作为专项训练的重要手段。全面训练的手段要多种多样。开始阶段可采用田径等项目进行全面身体练习，达到一定程度后再加强与专项技术发展关系大的内容的练习，如辅助性、诱导性和专项基本功的一些练习等。

（五）运动负荷适度原则

所有项目的运动训练都要遵循这样一个原则，那就是运动负荷的安排要合理，符合个人身体素质以及运动项目发展的规律。

从机体超量恢复理论可以得知，按照任务、对象等的不同，逐步而有节奏地加大运动负荷，直至运动员所能承受最大限度的运动负荷，是不断提高运动训练水平的一个重要手段。实践证明，在严密组织、合理安排和良好的医务监督下，少年儿童的训练逐步加大运动负荷是可行的。大运动量训练要贯穿在全年、多年的训练计划中，注意大、中、小运动量相结合，应按照“加大—适应—加大—适应”的过程发展。在加大运动量的过程中，要考虑到年龄、性别、体质、训练水平、意志品质、思想状态以及有无伤病等因素。在业余训练中，由于时间和数量常受到限制，因此，运动量的调节主要靠密度、强度来进行。在以强度调节运动量时，要考虑局部负担是否可行。对某些在技术上需要精细分化的练习，不宜采用大运动量的训练。

（六）差异性对待原则

不同的人具有不同的身体素质和运动技术水平，这就要求在健美操运动训练中要始终贯彻差异性对待原则。差异性对待是调动运动员的自觉积极性、发现和培养有前途运动员的重要原则。因此，在训练中贯彻差异性对待原则显得尤为重要。差异性对待原则必须反映在训练计划及训练的始终，使训练任务、内容、手段、方法和运动负荷，符合学生的个人特点，做到有的放矢。在竞技体育赛场上，“全面型”的运动员是不多见的，教练员只有对运动员的情况了如指掌，才能在个别对待中做到“对症下药”，扬长避短，当机立断。而高校健美操运动训练也同样如此，对于那些在某些素质和技术上不足的学生，应加强薄弱环节的训练，尽量提高运动技能。

二、高校健美操运动身体素质训练创新的发展

健美操运动的运动量并不像球类项目激烈，也与一般的课间操套路不同，它对于身体素质的要求恰到好处，因此，这是一项男女皆可、老少皆宜的运动。

身体素质是任何运动的基础，由于项目不同，其对身体素质的要求和身体训练的侧重点也不同。对于健美操运动身体素质的创新训练是全面发展身体、增强体质、提高该项运动技术水平、预防运动损伤、延长运动寿命的重要保证。创新训练方法有助于建立美的意识，使训练者潇洒大方、端庄健美，是培养大学生良好作风、锻炼坚强意志品质的重要手段。根据健美操项目的特点和运动特点，应重点发展以下几个方面的身体素质：

（一）力量素质的训练

1. 力量素质训练应遵循的原则

力量训练的基本手段是负重抗阻训练，但必须遵循以下一般原则，才能获得良好效果：

（1）专门性原则

力量的增长不仅是肌肉内部变化的结果，还与中枢神经系统对肌肉群协调性的调节密切相关。每种力量练习在力量与速度的关系方面，各肌群协调性方面都具有各自的特点。与技术练习一样，力量也具有专门性特点。这就要求在选择力量练习的方法时，要密切结合专项技术特点发展专门性力量。

（2）超负荷原则

超负荷是指超过平常遇到的阻力，使肌肉或肌群对抗最大或接近最大的阻力。只有超负荷，才能使肌肉最大限度地收缩，从而刺激肌肉产生相应的生理适应，在肌肉纤维增粗且重新整合后使肌肉力量增加。如果训练负荷不足，那么训练的结果是肌肉耐力的增强，而不是绝对力量的增加。

（3）肌群轮换练习原则

在进行多种力量练习时，要安排大肌群练习在先，小肌群练习在后，这是因为小肌群比大肌群易疲劳。另外，在安排练习顺序时，要使不同肌群轮换练习，这样可使各肌群有劳有逸，保证各肌群有一定的恢复时间。

（4）循序渐进原则

在长期训练过程中，肌肉由于超负荷训练导致力量增加，原来的超负荷已不再是超负荷，不能再有效地达到增长力量的效果了。这时应增加负荷，使肌肉得到超负荷训练。一般来说，大学生完成某一力量练习时，尽最大努力完成的次数不超过 8 次，这时的阻力称为超负荷。

2. 力量素质训练的基本内容

（1）上肢力量训练

应重点发展肩带肌、肱二头肌、肱三头肌、胸大肌的力量，可采取以下训练方式：类似于俯撑类力量训练，包括手脚在同一平面的俯撑屈伸、俯撑击掌和脚置于高位的俯卧撑，并采用快速、慢速和变速进行练习；推掌力量的练习，如双杠的支撑摆动屈伸，可采用身体负重的臂屈伸练习，并逐步增加练习的次数；运用杠铃和哑铃练习各种卧举、坐举、颈后举等；引体向上至胸与杠平或颈后与杠平；各种支撑，包括分腿、屈腿、直角、半劈叉等的静力练习，控制 5～10 秒，并逐渐加大难度进行练习，如双脚单臂、单脚单臂俯卧撑；在增加负荷情况下练习俯卧撑；手腕系沙袋，练习臂向各个方向摆动，以提高速度力量。

（2）腰腹力量训练

应重点发展腹部肌群和背部肌群的力量，如仰卧起坐，上体前屈；仰卧举腿（快速、慢速、静力控制）；前臂和脚分别置于健美操凳上，俯卧静力控制练习；头和脚分别置于健美操凳上，身体挺直仰卧静力控制练习；俯卧起上体或两腿伸直后上摆起；体侧屈肌群练习，固定下肢，上肢向上侧屈。上肢练习也可负重进行。

（3）下肢力量训练

以发展弹跳力为主。如负重练习、原地连续纵跳或负重连续纵跳、快速跳绳、30 秒连续综合跑跳练习等。

训练要求：力量训练应以动力性练习为主。在保证动作幅度的情况下，尽量快速完成动作，培养肌肉快速收缩、放松的能力，这样才能适应竞技性健美操在快速运动中完成动作的特点。力量训练应与柔韧、放松练习相结合，以便提高肌肉的伸展性，避免练成僵硬的肌肉。力量练习应安排在每次课结束前，也可安排专门的身体素质训练课，但要注意恢复手段。

3. 力量素质训练的方法

（1）等长训练

等长力量的负重主要是自身的体重。等长训练具有“关节角度特征”，即在某个关节角度训练，这个关节角度的静止性力量明显增加，而在其他关节角度时力量增加并不明显。因此，健美操大学生进行等长训练时应以自身体重为负荷，以健美操中静止用力动作为主，进行专门性练习。

采用静止用力动作进行等长训练时，大学生应尽最大努力保持静止时间 5～7 秒钟，这时的负荷量有利于增长绝对力量。如果静止时间在 20 秒以上则主要是增长力量耐力。负荷强度可以通过在运动身上负重或给予适当助力来调整。

等长训练的具体方法主要有：俯卧静力练习（前臂和脚分别置于山羊上，在腰部负重），靠墙倒立支撑（面向墙 45° 角的斜倒立），吊环、双杠的水平支撑，仰卧、侧卧静力练习。

（2）等张训练

等张训练法是以肌肉等张收缩为主的练习方法，也称为动力性练习法。等张练习的负荷量应控制在大学生最大完成次数的 8 次左右，这时的运动负荷增长力量效果最好。例如，采用引体向上的方法练习力量，如果大学生可完成 20 次，则应在大学生身上负重，使其只能完成 8 次左右。在训练实践中，有很多力量练习负荷不足，每组完成次数偏多，练习的效果偏向发展力量耐力，不利于发展绝对力量。

等张力量训练的具体方法主要有以下几种：

①上肢力量

发展上肢力量的方法有：上肢拉引力量，负重引体向上，引体向上呈支撑，爬绳（杆）。上肢推撑力量；负重双杠臂屈伸；手倒立类练习，包括推倒立，提倒立（利用吊环，双杠，倒立架等器械）；卧推杠铃。上肢直臂内收、外展，前举力量，拉橡胶带，俯卧压“十”字。

②腰腹力量

发展腰腹力量的方法有：负重的仰卧起坐、悬垂举腿（肋木或单杠）、腿后举（上体俯卧纵马上，两手抱马身，两腿向上摆起）。

③下肢力量

下肢力量在健美操难度动作跳与跃中起重要作用。根据生物力学分析研究，起跳动作由缓冲和蹬伸两个技术环节构成，缓冲阶段肌肉进行离心收缩，蹬伸阶段肌肉进行向心收缩。所以弹跳力训练应抓住缓冲与蹬伸两个技术环节的结合。“跳深”是最符合这些条件的练习方法。“跳深”是从40厘米高的台上跳下，并立刻反弹跳起，跳上同样高度的台上，反复跳上、跳下。要求缓冲时间要短，跳起速度要快。练习时可根据能力负重。

（3）循环训练法

循环训练是广泛采用的一种练习法，既可以发展力量，也可以增强心肺功能。循环训练的效果主要取决于循环训练的内容。用于发展力量的循环训练主要由负重抗阻练习组成。循环训练要根据大学生的能力分别设计，由5～6种力量练习组成，每个练习循环一遍为1组，一般应排3～5组。训练实践证明，循环训练在发展力量方面有明显效果。

（二）耐力素质的训练

耐力是人体抵抗长时间工作产生疲劳的能力。运动时的耐力包括肌肉耐力、心血管耐力和神经过程耐力。健美操，特别是竞技性健美操，是一个需要较强耐力的项目。健美操的新规则规定一套操需要1分45秒左右（误差不超过5秒）。这期间大学生需不停地快速跑跳和完成难度动作，而一堂训练课也要做几套甚至几十套这样的练习。因此，没有较强的耐力是不行的。

1. 耐力素质训练的要求

要在发展一般耐力基础上加强力量耐力和速度耐力的训练，提高心肺在缺氧条件下进行工作的能力。训练的时间、负荷量和强度要超过比赛时的负荷，一般耐力和专项耐力训练相结合。耐力训练比较枯燥艰苦，内容的选择和安排以及练习方法要多样化，运动量及局部负担要合理，可采用间歇训练法为主，配以循环训练法和重复训练法。耐力训练一般安排在训练课的后半部分进行。

2. 耐力素质训练的方法

发展耐力素质的方法主要有：中长跑、变速跑、规定时间的原地跳、跳绳等。这些方法可以提高一般耐力。把身体各部分力量练习的动作编成一小套，进行循环练习，可以很好地提高耐力。但练得比较多的应是专项耐力，因为它更结合实际。发展专项耐力的方法有：竞技性健美操跑跳动作组合练习（要求有一定的时间和练习量），半套、成套、超成套或多套动作练习。专项耐力训练可收到一举两得的效果。

（三）柔韧素质的训练

柔韧是肌肉、韧带的弹性和关节活动的范围及灵活性。柔韧性的好坏在健美操运动训练中起着重要的作用。良好的柔韧性能增加动作的幅度，使动作更加舒展、优美、完善。

1. 柔韧素质训练的基本内容

（1）躯干部柔韧性练习

①体前屈

A. 两腿并拢直立体前屈，两手握踝或抱腿，并保持一定时间。

B. 两腿站立在高处体前屈，两手尽量下伸。

C. 分腿站立体前屈，上体在两腿间连续弹振，两手向后伸。

D. 练习者坐在地上，两腿侧分置于 30～40 厘米高的垫上，上体前屈，同伴按其背部并下压。

以上这些练习都要求两腿伸直，上体尽量贴近两腿。

②体后屈

A. 仰卧呈桥状。

B. 分腿站立，开始向后下呈桥状。

C. 甩腰。可站立向后甩腰呈桥状，也可一手扶把杆，一手上举，向后甩腰。

D. 吊腰。分腿或并腿站立，两臂上举，上体向后弯屈到一定程度停住，保持一定时间。

E. 单脚或双脚的前后软翻。

（2）肩胸部柔韧性练习

肩胸部柔韧性练习的方法主要有以下几种：

第一，面对肋木和横马站立，两手扶腰的位置上，体前屈，挺胸，向下振动压肩（同伴可加助力）。

第二，背对肋木悬垂，陪练者用背顶练习者的背（站在练习者与肋木之间），帮助练习者挺胸拉肩。

第三，背对肋木站立，两臂上举或侧举，两手握肋木，抬头挺胸向前振动，使肩角拉开。

第四，转肩练习。两手握距因人而异并努力逐渐缩短，直至相握可完成前后转肩。

第五，单杠翻握悬垂，正握和反握后悬垂吊肩。

第六，俯卧地上，两臂上举，同伴将实心球置于练习者背上，用膝顶住球向前下方用力，同时两手握，肘部向后上方拉。

（3）腿部柔韧性练习

腿部柔韧性练习主要是发展髋关节，即大腿肌群柔韧性的练习。

①压腿

要求腿直、髋正。常见的有前压、侧压和后压。

②踢腿

踢腿的方式很多，如扶把杆原地踢，行进中踢，方向有前、侧、后等。

③劈腿

有纵叉和横叉两种。

④搬腿

由教练员把一条腿掰起和加助力按压，大学生可背对墙站立，也可躺在地上。

⑤控腿

腿举至一定部位停住，并保持一定时间，用于训练腿的控制能力。

2. 柔韧素质训练的基本要求

发展柔韧素质要与放松练习交替进行，有利于韧带和肌肉的伸展和放松，避免损伤；要把主动训练和被动训练相结合；柔韧素质的训练应安排在准备活动中或早操中进行。力量练习后也可适当安排柔韧性练习。

3. 柔韧素质训练的方法

发展柔韧素质的方法主要有两种：一是主动柔韧性练习，二是被动柔韧性练习。

（1）主动柔韧性练习

主动柔韧练习是指通过某关节有关肌肉收缩来增加关节灵活性的方法。这一方法与专项动作的表现形式相一致，易于体现在健美操动作之中，但要想在原来的基础上进一步提高比较困难。

（2）被动柔韧性练习

被动柔韧性练习是指依靠外力的作用促使关节灵活性增大。这一方法可使柔韧指标迅速提高，但与实际应用有一定的距离，大学生承受痛苦较大。

（四）协调能力的训练

协调能力是大学生有机体各部分在时间和空间上的相互配合，合理有效地完成各种动作的能力。协调能力是大学生不可缺少的一项极其重要的素质，是完成高难度动作的基础，是健美操的灵魂。

发展协调能力与提高专项知觉——时空、频率、用力的感觉以及平衡能力有密切关系。因此，提高协调能力的练习应具有复杂性、非传统性和新鲜性的特点。发展协调能力的方法主要有一般技术训练、专项身体训练，以及舞蹈、基本健美操等练习；各种舞蹈组合如爵士舞组合、迪斯科组合，徒手健美操、一般性健美操及竞技性健美操跑跳动作等组合的练习。

除此之外，发展协调能力的方法还有如下几种：

第一，经常变换练习组合方式，使大学生在不习惯的内外部条件下练习，提高大学生的协调性和适应性。

第二，让大学生尽可能地学习，掌握各种类型的基本动作。掌握动作类型越多，基础条件反射建立越多，动作技能迁移就越容易。

第三，采取一些专门练习手段。练习不对称动作；反向完成动作；改变动作的速度和节奏；要求大学生完成“创造性”的动作；按信号（如灯光、声响、口令等）完成特定动作；采用改变负荷的静止或用力练习，提高大学生区别完成动作时肌肉不同程度用力的能力。

在训练中，协调性训练应经常变换舞蹈、徒手健美操、健美操组合的练习内容。动作编排应有对称练习和不对称练习，选择的动作应有不同肌群参加运动，特别是小肌群参加运动的动作。训练内容的安排可贯穿于准备活动、舞蹈、基本动作训练、身体训练和成套动作训练之中。

三、高校健美操运动技术训练创新的发展

身体素质和心理素质是大学生从事一项运动的基础准备。在这些素质准备完全之后，就可以开始进行运动专项技术训练了，而这也是该项运动的精华之处。技术动作的不同是区分运动项目种类的最大依据，而大学生对健美操运动技术的掌握程度也将直接决定日后是否能通过健美操训练取得良好的健身效果或者比赛名次。科学地进行技术训练、掌握各种运动技能、创造最好的运动成绩是健美操训练最根本的任务。在高校中，健美操训练的主要任务是掌握基本的健美操技术和提高学生的身体素质。其技术训练的主要内容有基本动作训练、难度动作训练和舞蹈训练，具体如下：

（一）基本动作训练

下面是高校常见健美操的基本动作训练：

1. 徒手健美操

徒手健美操是由身体各部位的各种不同动作组成的单个动作和成套动作。徒手健美操内容丰富、动作简单，通过徒手健美操的练习可以培养大学生身体各部位正确的姿态、规范的动作。它所特有的动作对称性，可以使肌肉得到全面的发展，这些部位可做屈、伸、绕和环绕等运动，上肢还可以做举、振等动作，下肢可做举、踢、蹲、跳、弓步等动作的练习。做这些动作时，可根据需要进行某个部位的专门练习，也可进行全身的综合性练习。

进行徒手健美操练习可以采用单个动作练习，也可编排成套结合音乐进行练

习，可安排在课上练。一般把徒手健美操列为准备活动的内容比较好。这样既能达到提高基本姿态正确性的目的，又可节省课上时间，同时还起到了活动身体的作用。

2. 健身性健美操

健身性健美操是高校中常见的一种健美操运动形式，是竞技性健美操的基础。通过健身性健美操的练习，可以训练动作的节奏感和韵律感，训练健美操的动作风格，培养健美操的意识。健身性健美操一般以段落练习为主，也可编排成套配上音乐进行练习。

3. 竞技性健美操

竞技性健美操是运动技术最为复杂的一种健美操形式，它的基本动作是多种手臂变化和 7 种基本步伐及各种跑跳的动作。通过竞技性健美操基本动作的练习，可以训练肌肉快速紧张放松的用力感觉，强调动作的自然屈伸和弹性及动作的力度。动作的力度是人体运动时发力的速度变化，是指动作从加速到短暂制动的表现程度。动作力度是健美操特点之一，特别是在竞技性健美操中它显得尤其重要，它是健美操的灵魂。力度是一种比较难以训练的动作感觉，不是外在的、浅表的，大学生需要通过一段时间的训练，对动作有了较深的了解之后，才能逐渐地表现出动作的力度来。

竞技性健美操基本动作的训练方法有：原地和行进间的各种基本步伐、姿态跳、分腿跳、交换腿跳等练习，以手臂、躯干、头部动作配合各种跑跳练习，运用有氧操的练习达到活动关节、增加动作素材的目的，以变换动作节奏的形式训练大学生的手形，建立各个不同位置的本体感觉。也可运用各种相近、有特色的舞蹈动作为训练和发展机体局部而配套成各种组合练习，有针对性地选择不同组合练习，以提高识别和运用音乐与动作内涵结合的能力。

通过竞技性健美操的基本动作的训练还可以提高弹跳能力、动作的节奏感、腿和脚的灵活性以及全身的协调性。它的组合成套练习也是提高耐力素质的有效手段，具有既练习动作又练习耐力，且不枯燥的优点。所以，竞技性健美操越来越受到高校学生乃至社会大众的喜爱。

（二）难度动作训练

尽管健美操不提倡挑战人体极限式的动作，但并不代表现有动作都是简单容易的，其中也不乏一些需要刻苦练习才能做好、做标准的难度动作。难度动作主要包括俯卧撑、旋腿与分切、支撑与水平、跳与跃、柔韧与平衡等，它是指新规则中规定成套必须做的几类动作。

各类难度动作水平的训练，应根据大学生的实际掌握能力来选择。在训练难度动作过程中，可采用相应的辅助练习、分解练习、专项技能练习以及素质练习等手段，使大学生通过一段时间的训练，逐渐建立所学的难度动作的正确概念，达到掌握其技能、自如完成动作的最终目的。

（三）舞蹈训练

舞蹈训练是健美操训练的主要手段之一，由于健美操是一项身体活动与音乐韵律相结合的运动，所以将舞蹈训练引入健美操训练中可以起到非常重要的提升作用。舞蹈是训练基本功、优美姿势和协调性最有效的手段之一，既可以训练节奏感、音乐感和培养不同的动作风格以及表现力，还可以训练肌肉运动感觉，提高大学生的艺术修养水平，培养舞蹈和健美操意识。在此基础上，大学生才能把动作表现得更加完美，使健美操具有艺术观赏性。因此，这些训练内容和训练方法是学习健美操必需的。

舞蹈训练的主要内容有芭蕾舞、现代舞、爵士舞、迪斯科及其他具有代表性的舞蹈等。这些舞蹈的练习形式主要有：单一舞蹈基本动作练习、把杆基本功练习、舞蹈组合动作练习等。

1. 单一舞蹈基本动作练习

单一舞蹈基本动作练习包括：芭蕾舞蹈中的 7 个手位和 5 个脚位的练习，以及在此基础上的变化位置，各种手臂基本动作（摆动、绕环和波浪）和身体波浪（躯干波浪、向前或向后的全身波浪和左右的身体波浪），各种舞步（如变换步、华尔兹、跑跳步和波尔卡等），各种转体和跳步。转体和跳步都是技巧性很强的动作，可以很好地训练身体的灵活性、协调性及肌肉的控制能力和稳定性。通过转体和跳步的训练能够提高大学生的技能和技巧。

转体和跳步的种类有很多。转体有原地转体、移动转体和空中转体。它既可以是单脚支撑或者是双脚支撑的转体，还可以是以背、臀、膝为支撑点的转体，转体时身体可以做各种舞姿造型、练习。转体时，要注意身体中心的重心位置和转动轴。

跳步有小跳、大跳加转体的跳步，原地和进行间完成的跳步。跳步根据起跳和落地的方式可分为双起双落、双起单落、单起单落、单起双落。跳起时可以在空中做各种身体造型。跳步练习时，主要注意起跳、空中造型和落地 3 个环节。在进行转体和跳步练习时要注意循序渐进、由易到难，注意基本动作的训练。

2. 把杆基本功练习

把杆基本功练习能帮助大学生很好地掌握身体平衡，能有效地、有重点地训练身体的各个部位，主要是训练躯干、腿、脚的肌肉运动感觉。竞技性健美操中的把杆练习，不完全等同于芭蕾舞的把杆练习，主要是训练开、绷、直、立，以及对身体各部位肌肉的控制和用力等，如借助于把杆进行不同方向的踢腿、控腿、弹腿、身体屈伸、波浪、移动、转体等练习。爵士舞、迪斯科等舞蹈的基本动作也可以结合把杆来练习。把杆练习安排在竞技性健美操的开始训练阶段，对初学者或基础较差的大学生也可多安排这种练习。

3. 舞蹈组合动作练习

竞技性健美操训练中更多的是采用舞蹈组合动作的练习，舞蹈组合练习可以综合地训练大学生的协调性、灵活性、节奏感、音乐感、肌肉运动感觉及表现力，舞蹈组合可以是各种风格的舞蹈。在竞技性健美操训练中，一般较多地采用爵士舞、迪斯科舞、拉丁舞等，因为它们更接近于健美操。

参考文献

[1] 沈国琴．现代健美操 [M]．北京：北京体育大学出版社，2010.

[2] 王社雄，申桂芳，王文毅．高校健美操教学理论创新与实践探索 [M]．北京：现代教育出版社．2016.

[3] 李小娟，杨志仙，马春．高校健美操教学改革创新的策略研究 [M]．北京：人民日报出版社．2016.

[4] 孙宝国．高校体育审美教育研究 [M]．长春：吉林美术出版社，2018

[5] 郑嵘婷．新形势下高校健美操创新发展研究 [M]．北京：中国原子能出版社．2019.

[6] 王燕，侯选莉，杨秀芳．高校健美操创新探究 [M]．长春：吉林大学出版社．2016.

[7] 黄玲，朱晓娜．动感艺术：健美操 [M]．北京：海洋出版社．2009.

[8] 王晟．运动技能与体育教学 [M]．长春：吉林大学出版社，2017.

[9] 王洪．竞技健美操训练方法 [M]．北京：人民体育出版社．2009.

[10] 谢香道，等．大学体育教程 [M]．上海：立信会计出版社，2009.

[11] 张丽丽．体验式教学模式在高校体育课堂中的应用探析 [J]．时代农机，2018，45（10）：90–91.

[12] 查方圆．大学生田径运动员赛前心理调控策略研究 [J]．文体用品与科技，2015（4）：149–150.

[13] 刘贵霞，张莉．普通高校运动员心理训练和调控研究 [J]．体育时空，2014（1）：21–22.

[14] 赵晓峰. 浅析新时代我国高校体育教育改革现状及发展对策 [J]. 数据，2022（9）：167–169.

[15] 张海英，刘强. 论体教融合背景下高校体育教学的有效开展路径 [J]. 体育风尚，2022（9）：128–130.

[16] 徐延丽，刘春燕. 我国高校体育教育专业课程设置发展经验、困境及对策 [J]. 体育文化导刊，2022（8）：8–13.

[17] 付重阳，王云鹏. 高校体育教学创新的基本方向与实现路径研究 [J]. 青少年体育，2022（2）：92–93.

[18] 徐焕喆，赵勇军. 新时代我国高校体育教学改革任务及措施 [J]. 体育文化导刊，2022（2）：98–103.

[19] 林峻先. 高校体育教学改革与大学生终身体育意识的培养研究 [J]. 佳木斯职业学院学报，2021，37（12）：100–102.

[20] 马灵犀. 高校健美操训练模式的构建 [J]. 闽南师范大学学报（自然科学版），2021，34（4）：104–110.

[21] 吴芳. 大数据应用背景下高校体育教学评价体系构建探索 [D]. 太原：中北大学，2019.

[22] 薛飞娟. 高校体育教学中微课程设计研究 [D]. 吉首：吉首大学，2015.

[23] 崔艳艳. 我国普通高校体育教学环境研究 [D]. 石家庄：河北师范大学，2012.

[24] 熊艳. 我国普通高校健美操“运动教育模式”的理论构建与实证研究 [D]. 北京：北京体育大学，2013.

[25] 解美玲. 普通高校健美操翻转课堂教学模式的应用研究 [D]. 沈阳：沈阳体育学院，2017.

[26] 邸云婷. 表象训练在长春市普通高校健美操训练中的应用研究 [D]. 长春：吉林体育学院，2016.

[27] 王艳飞．翻转课堂在高校体育舞蹈教学中的应用研究 [D]．新乡：河南师范大学，2017．
[28] 冯岩．高校健美操“课程思政”教学实施路径研究 [D]．郑州：郑州大学，2021．
[29] 张佳佳．高校健美操课快乐体育教学模式的构建与实验研究 [D]．大庆：东北石油大学，2019．
[30] 周文达．“分层教学”模式在普通高校健美操课程中的应用研究 [D]．广州：广州体育学院，2019．